JN087123

従業員をめぐる

転職・退職トラブルの法務

予防&有事対応

湊総合法律事務所【編】

弁護士
野坂真理子
弁護士
野村奈津子
弁護士
太田　善大 【著】
弁護士／公認会計士
平木　太生
弁護士
石田嘉奈子
弁護士／税理士
湊　　信明

中央経済社

は し が き

第1　従業員・取締役の退職リスク

　湊総合法律事務所で受任する事件は，10年前と比較して，従業員や取締役の退職に伴うトラブルが非常に増えている。

　例えば，従業員や取締役が退職後，競業関係にある会社に入社してしまった，競業する会社を設立したというような相談が後を絶たない。彼らは直近まで自社で働いており，自社のビジネスモデルを熟知し，営業上・技術上の情報を把握しきっている。会社にとって著しい脅威だ。ライバル会社が高い給料を支払うからといってヘッドハンティングしてこうした従業員や取締役を抱え込もうとした事案もあった。顧客名簿を持ち出し，または営業上または技術上の情報を持ち出して，ライバル会社に情報を売却したというケースもある。さらには，退職後に，インターネットを利用して自社に対する誹謗中傷が行われて，大損害を受けたというような事案もある。

　これは，決して湊総合法律事務所で受任する事件だけの傾向ではなく，近時，日本の社会的・経済的・法律的な背景が著しく変化してきていることに対応しているものと考えられる。

　今や従業員・取締役の退職は，過去とは比較にならないくらい深刻なリスクとなっているのだ。

第2　退職リスクが深刻化した原因
1　終身雇用制が崩れて転職が当たり前になった

　旧来の日本は，高校や大学を卒業して企業に就職すると，年功序列型賃金体系のもと終身雇用として，定年退職まで同じ企業で働き続け，その後は年金により生計を立てていくというスタイルが一般であった。また，生産人口も多く，買い手市場が強い傾向にあったため，いったん企業に就職した後に，転職しよ

うというようなモチベーションが起こりにくかった。

　しかし，1980年代以降はこうした日本型労働システムは徐々に崩壊し，2000年以降はその傾向は顕著なものとなった。実力主義で賃金が決まり，より自分に合った仕事を見つけるため転職を繰り返すということがむしろ当たり前の時代になった。総務省統計局ホームページ「統計トピックス№123」によると，転職者数は2019年は351万人と，比較可能な2002年以降で過去最多となったという。現在は，新型コロナウイルスの感染拡大に伴う不況のため，転職者数はこれまでとは異なる動きがみられるだろうが，この危機を乗り越えれば，再び転職者が増加していくであろう。

　このような転職者が増加していることが，退職リスクを生じさせている背景となっている。

2　企業経営者の法律知識不足と退職者のインターネットによる法的武装

　退職リスクを発生させている大きな要因の１つに企業経営者の法的知識不足がある。

　例えば，退職しようとしている者が，自社の顧客名簿をスマートフォンで撮影して退職し，その後，この情報を用いて当該顧客に対して営業したような場合に，当然に損害賠償請求できると考えている経営者がいる。しかし，事前にきちんと従業員と秘密保持契約を締結するなどしておかないと，顧客名簿など単なる情報にすぎず，それを勝手に用いられてしまって損害を負ったとしても損害賠償請求できないということもあり得るのだ。また，経営者の中には，従業員が退職後に，自社の営業と同様の会社に入社することや，同様の営業を行う会社を設立することを将来にわたって一律に禁ずる合意をしておけば競業行為は防止できると考えている者がいる。しかし，従業員には，憲法上職業選択の自由が保障されており，会社側がこれを過度に制約するようなことは，公序良俗に反して無効とされてしまうため，そんな合意は単なる紙っぺらにすぎないのだ。

　これらは企業側が勝つことができない事例の典型であるが，企業経営者は，

法的知識を身につけていないがために無防備な状態に陥っており，事が起こってから大慌てするが時すでに遅しということが多発している。

　一方，退職者側はといえば，グーグル検索などにより，様々な法律情報を簡単に取得して，在職中から虎視眈々と準備を進め，中には，入念に弁護士に法律相談などもして準備を整えた上で退職する者もいる。

　このような状況において，いざ法的紛争に進展した際には，法的な準備を整えていない企業経営者と，様々な準備をしてきた退職者が対峙することになるが，法的準備をしている者に打ち勝つのは不可能か極めて困難な状況に立たされてしまうことはいうまでもない。

　我々の事務所に持ち込まれる相談の大半は，こうした構図の中で発生している。

【退職リスクと予防・対応策】

退職者の行動リスク	・競合会社の設立，競合会社への転職活動 ・担当顧客への転職挨拶，取引勧誘 ・社内情報（顧客・取引先情報等）の持出し ・部下，同僚に対する引抜き行為 など	・在職中に持ち出した情報の使用 ・在職中に担当した顧客・取引先への営業行為 ・退職した会社に対する批判，誹謗中傷 など
	入社時／退職決意時	退職，転職・独立時
予防・対応策	・就業規則，雇用契約書の条項の整備 ・秘密情報管理規程の整備 ・入社時誓約書の提出 ・異動・プロジェクト参加時誓約書の提出 ・情報の取扱いに関する社内教育（研修の実施等） ・情報管理体制の構築・運用 など／・退職時誓約書の提出 ・就業規則，誓約書等の遵守義務の再確認 ・パソコン等に関するログ監視 ・社内情報を持ち出していないかの確認 など	・インターネット，SNS上の情報収集 ・パソコンの履歴等による調査 ・関係者（取引先，自社従業員等）からのヒアリング・供述証拠化 ・警告書の送付 ・法的手続（仮処分・訴訟）の検討 など

3　IT技術の著しい進展と企業経営者の無防備

　以前であれば，企業の重要な情報は紙ベースで保存され，当該情報を企業外に持ち出そうとすれば，1枚1枚コピーをとるか写真で撮影するなどして持ち出すしか方法がなかった。

　しかし，近時の著しいIT技術の進展によりペーパーレス化が進み，企業の重要情報は，データによって管理されるようになった。そして，USBメモリなどの記憶装置も大容量化し，企業情報を一瞬にしてコピーして持ち出せるようになった。さらには，企業情報をクラウドに保存している場合には，IDとパスワードを知っていれば，世界中のどこからでも企業の機密情報にアクセスできるようになった。このように，退職者が企業の情報を持ち出し，あるいはアクセスして，競業行為を行ったり，当該情報を他社に売却したりすることがいとも簡単になっている。

　ところが，企業経営者側は，IT技術を経営に取り込みはするものの，そのセキュリティが非常に甘く，その脆弱性に退職者側が付け入るというケースが多発してきている。

　一方，こうした情報の抜取り行為は，必ずしも違法とされるわけではない。会社側が甚大な被害を受けているのに，損害賠償請求できないということもある。

第3　企業がしかるべき予防策を採る必要性

　以上述べたとおり，従業員・取締役の退職は，企業にとって脅威となるリスクを内包している。

　したがって，企業経営においてしかるべき対処が必要なことは言を俟たない。企業経営者や企業の法務部，総務部等に属するリスクマネジメント担当者としては，こうしたトラブルに陥らず，損害を受けることがないようにするために，事前に慎重な対策を講じておくことが非常に重要なのである。

　ぜひ，本書を熟読いただいて，従業員・取締役が退職した際に，そのリスクを顕在化させるようなことがないように，周到な準備をしておいていただきた

いと願っている。

　なお，本書は，我々の法律事務所に設置されている退職リスクチームのメンバーを中心に，野坂真理子，野村奈津子，太田善大，平木太生および石田嘉奈子の各弁護士が執筆を進めてきたものである。我々の事務所でのそれぞれの業務経験を踏まえて，綿密な議論を経てとても良い本に仕上げてくれた。心から感謝の意を表したいと思う。

　特に，野坂真理子と野村奈津子の両弁護士は，多くの事務所業務や家庭の切り盛りなどもある中を，全体のリーダーシップをとって，本書の完成に向けてたくさんの時間と労力を割いてくれた。心から「お疲れ様でした。ありがとう！」と伝えたいと思う。

　また，本書の刊行にあたり，中央経済社　実務書編集部の石井直人様には様々有益なご意見をいただき，大変お世話になった。心から御礼申し上げる。

　令和3年1月

執筆者を代表して

湊総合法律事務所　弁護士

湊　信明

目　　次

第2章　情報の漏えい・不正使用によるリスク 57

第**3**章　従業員の引抜き，顧客奪取によるリスク　109

第4章　退職前・退職時の事情に基づく紛争リスク　147

x

第 1 章

競業による
リスク

設　例

　X社はシステムエンジニアリングサービス事業等を展開する株式会社であるが，システムエンジニアリングサービス事業部（以下「SE事業部」という）を任せていた事業部長Y1が今般退職することになり，それに伴い同事業部の課長Y2（以下，Y1およびY2を総称して「Yら」という）および同事業部に所属する従業員複数名が前後して退職することとなった。SE事業部の業績は，半年前から徐々に低迷し，直近では赤字となっていた。不審に思ったX社が調査したところ，Y1はX社に在職中にシステムエンジニアリングサービス事業を営むA株式会社（以下「A社」という）を設立し，同社の設立には今般Y1と同時期に退職した課長Y2が関与していることが判明した。Yらは退職後にA社において事業活動を行っているようである。Yらの退職後に，X社はSE事業部の取引先の複数社から契約更新を断られるなどして，同事業部の売上はさらに落ち込み赤字も拡大している状況である。

　なお，X社の就業規則には，在職中の競業行為を禁止する条項はあるものの，退職後の競業行為を禁止または制約する条項は存在しない。

　X社は，Yらに対して，A社での競業行為を止めさせ，またYらの競業行為により被った損害を賠償させることはできるか。

説　明

　本章では，退職者の競業行為に関するリスク，それを顕在化させないための予防策，およびリスクが顕在化した場合の措置等について解説する。

　退職者の競業行為は，会社の営業秘密やノウハウの流出，顧客奪取や従業員の引抜き等のリスクを（少なくとも潜在的に）内包している。これらリスクの顕在化を防止するための最も効果的な方法の1つは，退職者に競業避止義務を課す方法である。もっとも，退職者には職業選択の自由が憲法上保障されているため，これを制約することとなる競業避止義務の合意は，当該合意の内容が合理的なものである場合に限り公序良俗（民法90条）に反せず有効とされている。そこで，どのような基準で有効性の

有無の判断がなされるのか，また，実際に競業避止義務の合意を成立させる場合のタイミングや留意点，具体的な条項例等について解説をする。

　一方で，実際に退職者により競業避止義務違反行為が行われた場合の会社の具体的対応手順や，違反行為を行った退職者に対して採り得る対抗措置についても解説をする。

第1 競業が企業に与えるリスクとは

　一般的に，退職者は，在職中に得られた知識・ノウハウ等を活かして同業界で転職することが多く，昨今は自ら起業する事例も増えている。しかし，退職者の地位や業務内容等によっては，在職中に得た技術上または営業上の情報，ノウハウ等を用いて転職先または自己が立ち上げた企業の商品・サービス開発を行う，在職中に得た顧客とのつながりや影響力などを利用して顧客を奪取するなど，退職者の競業行為により会社の利益を大きく損ねるケースがある。

　上記設例において，Yらは，X社と競業するA社を設立し，主に退職後にA社においてX社の事業と競業するシステムエンジニアリングサービス事業を営んでいる。その際，在職中に得た取引先の情報や取引先との関係性を利用して，X社の取引先に営業活動を行ったり，またX社のSE事業部の他の従業員に対する引抜き行為を行ったりしている可能性がある。これらの行為は，X社が時間・費用・労力をかけて獲得し築いてきた，取引先ないし顧客の情報やこれらとの関係性，従業員の能力やスキル，その他事業において有益な情報，ノウハウ等のX社の重要な財産というべきものを，いわばタダで自分の利益のために利用する行為といえる。そしてそれにより現に顧客の喪失や従業員の退職等の事象がX社に発生し，損害が発生している状況である。

　このように，退職者による競業行為は，会社の利益を大きく損ねるリスクを潜在的に有しており，そのようなリスクが顕在化して実際に会社に損害を与えるケースは少なくない。

第2　競業による損害を生じさせないための予防策——競業避止義務の合意

1　競業避止義務

　では，上記第1のようなリスクを防止するためには，どのような対策を採ればよいか。最も抜本的な予防策の1つは，退職者に対して競業避止義務を課すことである。競業避止義務とは，一定の事業について，競争行為（競業行為）を差し控える義務である。競争行為（競業行為）の中には，自ら同様の事業を行う場合のほか，競合する事業を行う他の企業に就職することや，競合する事業を行う他の企業の利益となる行為をすること等も含まれる。

　競業避止義務を課すにはその旨の合意を成立させる必要があるが，合意の内容としても，同業他社全般への就職を禁止するものから，競合する特定の地域における特定の業務に関する営業活動を禁止するもの，特定の顧客に対する営業のみを禁止するものなど，その範囲や程度は様々である。

2　退職後の競業避止義務

　在職中の従業員は，労働契約の付随義務として当然に競業避止義務を負うものとされているが（この点についての詳細は5頁コラム参照），退職者については労働契約が終了しており，その付随義務も終了する以上，当然には競業避止義務を負うものではない。よって，退職後も競業避止義務を課したければ，その旨の合意を成立させる必要がある。

　ただ，合意をしさえすればよいというものではない。退職者には職業選択の自由が憲法上保障されているため（憲法22条1項），これを制約することとなる競業避止義務の合意は，その内容が合理的なものである場合に限り有効とされている。合意の内容が合理的でない場合には，退職者の職業選択の自由を過度に制約するものとして公序良俗（民法90条）に反し無効とされる。

では，具体的に，どのような場合に退職後の競業避止義務の合意が有効とされ，どのような場合に無効とされるのであろうか。以下，まずは有効性の判断基準について説明し，その上で当該基準を踏まえ，競業避止義務の合意を成立させる際の具体的方法やポイントについて解説する。

コラム🔍　**在職中の競業避止義務**

　在職中の従業員は，労働契約の付随的義務として，競業避止義務を負うものとされている。

　労働契約の基本的な内容は，労働者が労務を提供し，使用者がこれに対して報酬（賃金）を支払うというものである（民法623条）。ただし，労働契約の内容は上記の内容だけにとどまらない。一般的に労働契約は継続的な人的関係が形成されることが想定されており，よって，相手方当事者の信頼関係を損なう行為をしてはならないとされる。双方の当事者は，互いに相手の利益に配慮し，誠実に行動することが求められる。このような，労働契約の基本的な義務内容（労務の提供と報酬（賃金）の支払）以外の，周辺的な義務のことを，労働契約の付随義務という。そして，従業員は，この労働契約の付随義務の1つとして，当然に競業避止義務を負うと解されている。「当然に」というのは，労働契約書や就業規則などで規定を設けない場合でも，労働契約が存在することだけでそのような義務が認められるということである。

　よって，在職中の従業員の競業行為を禁止したい使用者にとって，就業規則や労働契約書などにそのような禁止規定を設けることは必須ではない。しかし，就業規則などに規定することで，競業避止義務の具体的内容を従業員と共有し労使間での認識の齟齬を防止することができ，また従業員に注意喚起をする効果が期待できる。よって，実務上は就業規則などに在職中の競業行為を禁止する規定を設けることが多く，本書でもそのような規定を設けることを勧めたい。就業規則への具体的な規定例は，後記第4・3【条項例1-4】を参照されたい。

3　退職後の競業避止義務合意の有効性判断基準

(1)　総　論

　判例上，退職後の競業避止義務合意の有効性の有無は，①守るべき企業の利益（正当な目的）があるかどうか，それを踏まえつつ，競業避止義務の内容が目的に照らして合理的な範囲にとどまっているかという観点から，②従業員の地位，③地域的範囲，④競業避止義務の存続期間，⑤禁止される競業行為の範囲について必要な制限がかけられているか，⑥代償措置が講じられているかといった要素を総合的に考慮し，競業避止義務合意に合理性が認められるかどうかにより判断されている。

【図表1－1】退職後の競業避止義務合意の有効性判断基準

（i）守るべき企業の利益（正当な目的）

競業避止義務の内容が
目的に照らして合理的な範囲にとどまっているか

(ii) 従業員の地位	(iii) 地域的範囲	(iv) 存続期間	(v) 禁止される競業行為の範囲	(vi) 代償措置

　以下，各要素について説明する。

(2)　守るべき企業の利益（正当な目的）

　守るべき企業の利益の典型的なものとして，不正競争防止法によって明確に法的保護の対象とされる「営業秘密」（秘密として管理されている生産方法，販売方法その他の事業活動に有用な技術上または営業上の情報であって，公然と知られていないもの）（同法2条6項）がある（なお，具体的にどのような情報が営業秘密に該当するのかは第2章第4・4参照）。もっとも，「営業秘密」に該当しないものであっても，これに準じて取り扱うことが妥当な情報やノウハウについては，競業避止義務を課してでも守るべき企業の利益であると判断されている。

　裁判例の中で争われた事例では，技術的な秘密や，営業上のノウハウに係る秘密，顧客との人的関係等について，企業の利益の有無が判断されている。以下で紹介する裁判例を見ると，個別の事案において，その企業について価値のある（他社と比較して独自性・優位性のある）技術上の情報，営業上の情報，ノウハウがあり，これらの流出を防ぐために競業避止義務を課すことが必要であると認められる場合に，守るべき企業の利益（正当な目的）があると認められている傾向にあるということができる。

　営業上のノウハウに係る秘密に関していえば，営業秘密に準じるほどの価値を有する営業方法，指導方法，人事管理体制等に関する独自のノウハウは，競業避止義務を課してでも守るべき企業の利益（正当な目的）があると判断されやすい傾向がある（【図表1－2】3および4参照）。

　顧客との人的関係等に関していえば，多数回，長期間にわたる営業活動を要する場合であって，人的関係の構築が会社の業務として会社の信用のもとなされたものである場合には，守るべき企業の利益（正当な目的）があると判断されている（【図表1－2】5参照）。

【図表1－2】競業避止義務合意が有効とされた裁判例（守るべき企業の利益）

番号	裁判例	判旨	利益の種類
1	大阪地決H21.10.23（モリクロ事件）	めっき技術訓練校の教科書の記述やめっき事業者各社のホームページの記載等からすると，債権者については，めっき加工や金属表面処理加工について，法的保護に値する独自の技術やノウハウが存し，競業避止を必要とする正当な利益が存在することについて，一応の疎明がなされていると認められる。	技術情報，技術上のノウハウ
2	東京地判H20.11.18（トータルサービス事件）	デントリペアおよびインテリアリペアの各技術の内容およびこれをフランチャイズ事業化したところに原告の独自性があるということができ，これらは不正競争防止法上の営業秘密には厳密には当たらないが，それに準じる程度には保護に値するということができる。他方で，顧客情報については，飛込み営業でも需要の有無程度は知り得るものといえ，したがってそれを得るために多額の営業費用や多くの手間を要したとしても，非公知性に欠け，営業秘密にもこれに準じるものにも当たらない。	技術情報，技術上のノウハウ
3	東京地判H22.10.27（パワフルヴォイス事件）	アカデミーにおける話すためのヴォイストレーニングを行うための指導方法・指導内容および集客方法・生徒管理体制についてのノウハウは，原告の代表者により長期間にわたって確立されたもので，独自かつ有用性の高いものである，競業避止合意について目的は正当。	指導方法，集客方法，生徒管理体制等についてのノウハウ
4	東京地判H19.4.24（ヤマダ電機事件）	店舗における販売方法や人事管理のあり方や全社的な営業方針，経営戦略等の知識および経験を有する従業員が，原告を退職した後直ちに，原告の直接の競争相手である家電量販店チェーンを展開する会社に転職した場合には，その会社は当該従業員の知識および経験を活用して利	店舗における販売方法，人事管理方法，全社的な営業方針，経営戦略等に関する知

番号	裁判例	判旨	利益の種類
		益を得られるが，その反面，原告が相対的に不利益を受けることが容易に予想されるから，これを未然に防ぐことを目的として被告のような地位にあった従業員に対して競業避止義務を課することは不合理でない。	識および経験
5	東京高判H12.7.12	商店会等に対する街路灯の営業は，成約までに長期間を要し，契約を取るためには，その間に営業担当の従業員が商店会等の役員等をたびたび訪問して，その信頼を得ることが重要であること，そのため，この種の営業においては，長期間経費をかけて営業してはじめて利益を得ることができることが認められるから，このような営業形態を採っている控訴人においては，従業員に退職後も競業避止義務を課する必要性が存するということができる。	長時間経費をかけた営業による利益，顧客からの信頼

【図表1－3】競業避止義務合意が無効とされた裁判例（守るべき企業の利益）

番号	裁判例	判旨	利益の種類
6	大阪地判H12.6.19（キヨウシステム事件）	被告ら（退職者ら）の原告での業務は単純作業であり，原告独自のノウハウのあるものではなかった，単に原告の取引先を確保するという営業利益のために従業員の移動そのものを禁止したものである。	業務上のノウハウ，取引先確保という営業利益
7	東京高判H24.6.13東京地判H24.1.13	原告（退職者）が被告業務を遂行する過程において得た人脈，交渉術，業務上の視点，手法等は原告がその能力と努力によって獲得したものであり，一般的に，労働者が転職する場合には，多かれ少なかれ転職先でも使用されるノウハウであって，かかる程度のノウハウの流出を禁止しようとすることは，正当な目的であるとはいえない。顧客情報の流出防止	業務遂行過程で得た人脈，交渉術，業務上の視点，手法等のノウハウ，顧客情報

		を，競合他社への転職自体を禁止することで達成しようとすることは，目的に対して，手段が過大である。競合他社への人材流出自体を防ぐこと自体が目的であるとすれば単に労働者の転職制限を目的とするものであるから，当然正当ではない。	
8	大阪地判H8.12.25	コンベンション業務は，取引先と従業員との個人的な関係により継続的に受注を得るという特質を有している。しかし，このような従業員と取引先との信頼関係は，従業員が業務を遂行する中で形成されていくもので，従業員が個人として獲得したものであるから，営業秘密といえるような性質のものではない。	取引先との関係性

　守るべき企業の利益（正当な目的）が認められる場合，その目的に照らして競業避止義務合意の内容が合理的な範囲内といえるかが判断されることになる。具体的には，以下(3)～(7)で述べるような各要素を総合的に考慮して検討される。

(3)　従業員の地位

　守るべき企業の利益（正当な目的）を保護するために，競業避止義務を課すことが必要な従業員であったかどうかという要素である。形式的に特定の地位（例えば部長等）にあれば，一律に競業避止義務の有効性が認められるというものではなく，その従業員の役職や権限，業務内容等に照らして個別具体的に判断される。

【図表1－4】競業避止義務合意が有効とされた裁判例（従業員の地位）

番号	裁判例	判旨	地位
1	東京地判H19.4.24（ヤマダ電機事件）	被告（退職者）は原告の複数店舗の店長を歴任したことにより，原告の店舗における販売方法や人事管理のあり方を熟知し，母店長として複数店舗の管理に携わり，さらに，地区部長の地位に就き，原告の役員および幹部従業員により構成される営業会議に毎週出席したことにより，原告の全社的な営業方針，経営戦略等を知ることができたと認められる。	複数店舗の店長を歴任，母店長，地区部長
2	東京地判H22.10.27（パワフルヴォイス事件）	被告（退職者）はヴォイストレーニングの講師の経験がなかったところ，原告の代表者から話すためのヴォイストレーニングに行うための指導方法および指導内容等についてノウハウを伝授されたのであるから，本件競業避止合意を適用して原告の上記ノウハウを守る必要があることは明らかであり，被告が週1回のアルバイト従業員であったことは上記判断を左右するものではない。	週1回のアルバイト従業員
3	東京地判H20.11.18（トータルサービス事件）	被告（退職者）の従業員としての地位も，インストラクターとして秘密の内容を十分に知っており，かつ，原告が多額の営業費用や多くの手間を要して上記技術を取得させたもので，秘密を守るべき高度の義務を負う。	インストラクター（加盟店への技術指導および車関連事業の直営施工を担当）

【図表1－5】競業避止義務合意が無効とされた裁判例（従業員の地位）

番号	裁判例	判旨	地位
4	東京高判H24.6.13東京地判H24.1.13	被告日本支店の従業員数が約6000名であるのに対し，執行役員の人数はせいぜい20名を超える程度にすぎず，また，	執行役員

	執行役員は，被告日本支店の役員会の構成員であるから，原告の退職前の地位は相当高度であったということができる。しかし，保険商品の営業事業はそもそも透明性が高く秘密性に乏しいし，また，役員会においては，被告の経営上に影響が出るような重要事項については，例えば決算情報が3週間は部外秘とされるといった時限性のある秘密情報はあるが，原告が，それ以上の機密性のある情報に触れる立場にあったものとは認められない。

(4)　地域的範囲

　競業行為を禁止する地域的範囲に合理的な限定が設けられているかどうかという要素である。なお，地域的な限定が設けられていない場合については，他の要素とも相まって否定的な判断がなされている事例が見受けられるが，地域的な限定がない場合でも，使用者の事業内容や事業展開地域，職業選択の自由に対する制約の程度，禁止行為の範囲との関係等を総合的に考慮して競業避止義務合意の有効性が認められている事例もある。これらからすれば，地域的な限定がないことのみをもって競業避止義務合意の有効性が否定されるというわけではないといえる（【図表1－6】【図表1－7】参照）。

【図表1－6】競業避止義務合意が有効とされた裁判例（地域的範囲）

番号	裁判例	判旨	地域
1	東京地判H19.4.24（ヤマダ電機事件）	地理的な制限がないが，原告が全国的に家電量販店チェーンを展開する会社であることからすると，禁止が過度に広範であるということもない。	限定なし
2	東京地判H14.8.30（ダイオーズサービ	誓約書による退職後の競業避止義務の負担は，在職時に担当したことのある営業	在職時に担当したこと

番号	裁判例	判旨	地域
	シーズ事件)	地域（都道府県）ならびにその隣接地域（都道府県）に在する同業他社（支店,営業所を含む）という限定された区域におけるものである（隣接都道府県を越えた大口の顧客も存在し得ることからすると,やむを得ない限定の方法であり,また「隣接地域」という限定が付されているのであるから,これを無限定とまではいえない）。	のある営業地域（都道府県）ならびにその隣接地域（都道府県）に在する同業他社（支店,営業所を含む）
3	東京地判H20.11.18（トータルサービス事件）	原告の技術は,営業秘密に準じるものとしての保護を受けるので,競業禁止によって守られる利益は要保護性の高いものとし,必ずしも不十分とはいえない代償措置があることにも言及した上で,競業を禁止する地域や期間を限定するまでもなく競業避止義務を負うものと判示。	限定なし

【図表1-7】競業避止義務合意が無効とされた裁判例（地域的範囲）

番号	裁判例	判旨	地域
4	東京地判H18.9.4（すずらん介護サービス事件）	地理的な範囲として原告の事業所から半径10kmと制限されているが,この範囲は原告の事業所のある台東区○○から東西は千葉県○○市から東京都中野区○○付近まで,南北は東京都足立区○○付近から港区○○付近までを含むこととなる。しかし,台東区内だけでも介護事業サービス業の事業所が47か所もあることに照らせば,特定の地域に相当数の事業所があっても,介護サービス事業の公正・適正な競争を妨げる事情があるとはうかがえないのだから,このような広範囲に及び,かつ,期間の限定もない競業避止義務を負わせることには合理性が認められない。	原告の事業所から半径10km

| 5 | 東京地判H24.1.23 | 地域も限定されていないことが，代償措置がないこと，禁止期間が5年間と長期であること等の要素とともに有効性を否定する要素として挙げられている。 | 限定なし |

(5)　競業避止義務の存続期間

　守るべき企業の利益（正当な目的）を保護する手段として合理的な期間が設定されているかという要素である。形式的に退職後何年以内であれば認められるというわけではなく，業種の特徴や，退職者の不利益の程度等も考慮した上で判断されている。判例では，概して1年以内の期間については肯定的に判断されることが多い。2年以上の存続期間を定めるものについては，否定的な判断がなされる傾向が見られる（【図表1－8】【図表1－9】参照）。

【図表1－8】競業避止義務合意が有効とされた裁判例（存続期間）

番号	裁判例	判旨	存続期間
1	大阪地決H21.10.23（モリクロ事件）	期間を1年間と限定しており，一応，合理的範囲に限定されている。	1年
2	東京地判H22.10.27（パワフルヴォイス事件）	アカデミーにおける話すためのヴォイストレーニングを行うための指導方法・指導内容および集客方法・生徒管理体制についてのノウハウは，原告の代表者により長期間にわたって確立されたもので，独自かつ有用性の高いものであるとし，競業避止合意について目的が正当と判断した上で，競業避止期間3年についても原告のノウハウ保護という本件競業避止合意の目的との関係において長きに過ぎるとはいえない。	3年
3	東京地判H19.4.24（ヤマダ電機事件）	退職後1年という期間は，競業避止条項を設けた目的（【図表1－2】4参照）に照らし，不当に長いものではない。	1年

| 4 | 東京地判H14.8.30（ダイオーズサービシーズ事件） | 訪問型レンタル業に関する事案。競業避止義務の負担が，退職後2年間という比較的短い期間である。 | 2年 |
| 5 | 東京地判H11.10.29 | 商店会等に対する街路灯の営業に関する事案。原告在職中に原告の営業として訪問した得意先について，退社後6か月間は，自己または同業他社の従業員としての営業を行わない義務を課す契約に関し，競業禁止の期間は6か月と決して長くないと判断。 | 6か月 |

【図表1－9】競業避止義務合意が無効とされた裁判例（存続期間）

番号	裁判例	判旨	存続期間
6	東京高判H24.6.13 東京地判H24.1.13	保険会社における事案。保険商品については，近時新しい商品が次々と設計され販売されているところであり，保険業界において，転職禁止期間を2年間とすることは，経験の価値を陳腐化するといえるから，期間の長さとしては相当とはいい難い。	2年
7	大阪地判H24.3.15	労働者派遣会社における事案。退職後6か月間は場所的制限がなく，また2年間は在職中の勤務地または何らかの形で関係した顧客その他会社の取引先が所在する都道府県における競業および役務提供を禁止しているところ，原告在職中に九州および関東地区の営業マネージメントに関与していた被告については，少なくとも退職後2年間にわたり，九州地方および関東地方全域において，原告と同種の業務を営み，または，同業他社に対する役務提供ができないことになり，被告の職業選択の自由の制約の程度は極めて強いものといわざるを得ない。	6か月，2年
8	東京地判H21.11.9	ビル管理業等を行う会社の事案。退職後	1年

	（三田エンジニアリング事件・第一審）	1年間は競業の起業と競業他社への就職を禁止する条項に関し，「期間こそ比較的短いものの」と言及（ただし，対象行為や区域が限定されていないこと，代償措置がないこと等の理由により，結論として有効性を否定）。	

(6)　禁止される競業行為の範囲

　守るべき企業の利益（正当な目的）に照らして禁止行為が合理的な範囲にとどまっているかという要素である。具体的には，問題となる事案ごとの事情に照らして判断されるが，一般的には，競合企業への転職を一般的・抽象的に禁止するだけでは合理性が認められないことが多い。他方で，禁止対象となる活動内容や従事する職種等が限定されている場合（例えば，在職中に担当していた業務の禁止や，在職中に担当した顧客への営業活動の禁止等）には，これら限定がなされていることが有効性を肯定する要素として考慮されることが多い（【図表1－10】【図表1－11】参照）。

【図表1－10】競業避止義務合意が有効とされた裁判例（禁止される競業行為の範囲）

番号	裁判例	判旨
1	東京高判H12.7.12 東京地判H11.10.29	（競業禁止の）対象も原告在職中に原告の営業として訪問した得意先に限られており，競業一般を禁止するものではない。
2	大阪地決H21.10.23 （モリクロ事件）	競業をしたり，在職中に知り得た顧客との取引を禁じるにとどまり，就業の自由を一般的に奪ったりする内容とはなっていない。
3	東京地判H14.8.30 （ダイオーズサービシーズ事件）	禁じられる職種は，原告と同じマット・モップ類のレンタル事業というものであり，特殊技術こそ要しないが契約獲得・継続のための労力・資本投下が不可欠であり，（訴外の別会社が）市場を支配しているため新規開拓には相応の費用を要するという事情がある。また，使用者である原告は既存顧客の維持と

		いう利益がある一方，労働者である被告は従前の担当地域の顔なじみの顧客に営業活動を展開できないという不利益を被るが，禁じられているのは顧客奪取行為であり，それ以外は禁じられていない。
4	東京地判H19.4.24（ヤマダ電機事件）	本件競業避止条項の対象となる同業者の範囲は，家電量販店チェーンを展開するという原告の業務内容に照らし，自ずからこれと同種の家電量販店に限定されると解釈することができる。

【図表1−11】競業避止義務合意が無効とされた裁判例（禁止される競業行為の範囲）

番号	裁判例	判旨
5	東京高判H24.6.13東京地判H24.1.13	（原告の得た）ノウハウは，バンクアシュアランス業務の営業に関するものが主であり，本件競業避止義務条項がバンクアシュアランス業務の営業にとどまらず，同業務を行う生命保険会社への転職自体を禁止することは，それまで生命保険会社において勤務してきた原告への転職制限として，広範に過ぎる。
6	東京地判H24.1.23	被告（退職した従業員）が長年にわたり従事してきた3次元CAD等事業に関する業務依頼がなされた場合には，新規の顧客からであっても必ず原告（会社）を紹介し，かつ原告に委託する旨明示しなければならず，粗利益の80％は原告が獲得するとの制約が課せられていることに関し，（被告が）長年携わってきた3次元CAD等事業につき，事実上，原告の現在の顧客のみならず新たに獲得される顧客から生じる利益（の8割）まで原告が獲得しようとする目的に出たものであるとし，被告の職業選択の自由を不当に制約するものであると判断。
7	大阪地判H24.3.15	労働者派遣会社における事案で，退職後6か月間は場所的制限がなく，また2年間は在職中の勤務地または「何らかの形で関係した顧客その他会社の取引先が所在する都道府県」における競業および役務提供を禁止しているところ，原告在職中に九州および関東地区の営業マネージメントに関与していた被告

		については，少なくとも退職後2年間にわたり，九州地方および関東地方全域において，原告と同種の業務を営み，または，同業他社に対する役務提供ができないことになり，被告の職業選択の自由の制約の程度は極めて強いものといわざるを得ないと判断。
8	東京高判H22.4.27 東京地判H21.11.9 （三田エンジニアリング事件）	退職後1年間，会社の承認を得ないで会社と競合する事業を行うことおよび競業他社への就職をしてはならないという規定につき，「対象行為も競業他社への就職を広範に禁じており顧客奪取行為等に限定するものではない」（東京地判H21.11.9）と判断。控訴審は，「本来自由に行うことのできる事業の実施や第三者との雇用契約の締結を制限しようとするものであり，当該従業員の退職後の職業選択の自由に重大な制約を加えようとするものである」と判断（なお，控訴審は上記規定を限定解釈した上で，退職者の当該規定違反を否定）。

(7)　代償措置

　競業避止義務により職業選択の自由が制限されることに対する代償措置が採られているかどうかという要素である。代償措置の代表的なものは，職業選択の自由を制約することに対する対価としての金銭である。ただし，必ずしも競業避止義務を課すことによる対価として明確に定義されたものでなくても，実質的に代償措置と呼べるものが存在する場合には有効性を肯定する要素として考慮されるケースも少なくない。例えば，賃金が高額であるとして代償措置を肯定した判例がある（【図表1-12】4および5参照）。なお，代償措置の有無は，他の要素（上記(3)～(6)）と同様，競業避止義務合意の有効性判断の際に総合考慮される要素の1つであるので，代償措置がないことをもって直ちに競業避止義務合意の有効性が否定されるわけではなく，また，代償措置を設けたからといって競業避止義務合意が必ず有効になるわけでもない。ただし，判例の傾向として，代償措置の有無・内容は，他の要素と比較すると判断に直接的な影響を与えていると思われる事例も少なくなく，比較的判例が重視している要素であるといえる（【図表1-12】【図表1-13】参照）。

【図表1－12】競業避止義務合意が有効とされた裁判例（代償措置）

番号	裁判例	判旨
1	東京地判H19.4.24（ヤマダ電機事件）	代償措置については，原告が，役職者誓約書の提出を求められるフロアー長以上の従業員に対し，それ以外の従業員に比して高額の基本給，諸手当等を給付しているとは認められるものの，これが競業避止義務を課せられたことによる不利益を補償するに足りるものであるかどうかについては，十分な立証があるとはいい難い。しかし，代償措置に不十分なところがあるとしても，この点は違反があった場合の損害額の算定にあたり考慮することができるから，このことをもって本件競業避止条項の有効性が失われることはないというべきである。
2	東京地判H20.11.18（トータルサービス事件）	独立支援制度としてフランチャイジーとなる途があること，被告が営業していることを発見した後，原告の担当者が，被告に対し，フランチャイジーの待遇については，相談に応じ通常よりもかなり好条件とする趣旨を述べたこと，が認められ，必ずしも代償措置として不十分とはいえない。
3	東京地判H14.8.30（ダイオーズサービシーズ事件）	原告は，本件誓約書の定める競業避止義務を被告が負担することに対する代償措置を講じていないが，本件誓約書の定める競業避止義務の負担による被告の職業選択・営業の自由を制限する程度はかなり小さいといえ，代償措置が講じられていないことのみで本件誓約書の定める競業避止義務の合理性が失われるということにはならないというべきである。
4	東京地決H22.9.30	競業避止義務条項に対する明示的な代償措置としての報酬項目が設けられているわけではないが，執行役員の地位において相当な厚遇を受けていた。かかる厚遇は，そのすべてを純粋に執行役員としての労働の対価であるとみることはできず，競業避止条項に対する代償としての性質もあったと一応認められる。
5	東京地決H18.5.24	会社が退職者に年間1400万円〜1620万円の金員（給与および賞与）を支給していたこと，これらの報酬は決して安くない額であること，競業禁止や機密保

| | | 持が雇用契約の重要な要素の1つであることを明示した雇用契約書を取り交わしていることを指摘し，会社が退職者に支給した報酬の中の一部には，退職後の競業禁止に対する代償も含まれていると判断。 |

【図表1−13】競業避止義務合意が無効とされた裁判例（代償措置）

番号	裁判例	判旨
6	東京地判H24.3.15	競業避止義務等を課される対価として受領したものと認めるに足りるのは月額3000円の守秘義務手当のみであることを1つの理由として挙げ，有効性を否定的に判断。
7	東京高判H24.6.13 東京地判H24.1.13	原告の賃金は，相当高額であったものの，本件競業避止条項を定めた前後において，賃金額の差はさほどないのであるから，原告の賃金額をもって，本件競業避止条項の代償措置として十分なものが与えられていたということは困難である。金融法人本部長である原告の部下たる者の中に，相当数のより高額な給与の者がいたところ，それらの原告の部下については，特段競業避止義務の定めはないのであるから，やはり，原告の代償措置が十分であったということは困難。
8	東京地判H24.1.23	競業避止義務を設定するにあたり，退職金等の支払はなく，何らかの代償措置が図られた事実は認められない。また，入社時および退職年度の月額給与および賞与について，原告における売上の推移から推認される被告の原告への貢献度を考慮すると，これらを代償措置とみなすことはできない。
9	東京地判H21.11.9 （三田エンジニアリング事件・第一審）	従業員に対する代償措置は何ら講じられていないことを，有効性を否定する理由の1つとして挙げている。
10	東京地判H24.3.13	被告らは原告での業務遂行過程において，業務上の秘密を使用する立場にあったわけではないから，そもそも競業を禁ずべき前提条件を欠くものであるし，原告は被告らに対し何らの代償措置も講じていない。

11	大阪地判H8.12.25	従業員と取引先との個人的信頼関係が業務の受注に大きな影響を与える以上，使用者としても，各種手当を支給するなどして，従業員の退職を防止すべきであるが，会社は従業員が恒常的に時間外労働に従事していたにもかかわらず，一定額の勤務手当を支給しただけで，労働時間に応じた時間外手当を支給していなかったのであるから，十分な代償措置を講じていたとはいえない。
12	大阪地判H23.3.4（モリクロ事件）	「確かに，原告らの年収は比較的高額なものであると認められる」としつつも，「退職金は支給されるものの，その額は競業避止義務を課すことに比して十分な額であるか疑問がないとはいえない」と判断。

第3 競業による損害を生じさせないための予防策──競業避止義務違反に対する制裁

1　退職金の減額・不支給・返還請求

(1)　退職金の減額・不支給条項の有効性

　退職後の競業避止義務を課した場合に，その義務の違反行為を抑止するために，またその義務の違反行為があった場合に会社に生じる損害額をなるべく抑えるために，退職金の減額や不支給の措置（すでに支給した退職金の全部または一部の返還請求を含む。以下同様）を採ることが考えられる。

　退職金の支払は，労働基準法等の法律で義務づけられているわけではなく，退職金制度を設けるか否かは企業が自由に決められる。もっとも，退職金制度を設けた以上，制度上の要件を満たした場合には退職金の支払義務が生じる。この退職金の法的性格は，賃金の後払い的性格，功労報償的性格，生活保障的性格を併せ持つとされている。

　上記のように，退職金制度を設けるか否かは本来自由であることからすれば，

退職金の支給要件（減額や不支給の要件を含む）をどのように設定するかも企業の自由であり，よって，退職後に競業行為をした場合には退職金を減額または不支給するとの条項を設けることも認められるものと解される。なお，懲戒解雇に処せられた場合には，退職金の減額や不支給の措置を採ることが一般的であり，このような措置はその内容が合理的である限り有効とされている。これは退職金の功労報償的な性格が反映されたものといえ，この観点からは退職後の競業避止義務の違反行為の場合にも，退職金の減額や不支給の措置を採ることが認められると一応考えることができる。

　しかしながら，退職金には上記のとおり，功労報償的性格のみならず，賃金の後払い的性格も存することから，その観点から一定の制約を受けることがある。特に退職金不支給の事案については，裁判例上，単に不支給を可能とする規定が就業規則等に存在するだけではなく，退職金を不支給とするに足りる「顕著な背信性」がある場合に限り，その規定の適用を認める傾向にある。

(2)　裁判例

　競業避止義務違反を理由に退職金減額を認めた判例としては，三晃社事件（最判S52.8.9）がある。広告会社であるX社を退職後，同業他社に転職したYに対し，退職金規定（退職後同業他社に転職した際の退職金は，自己都合退職の場合の2分の1の乗率で計算する旨の規定となっていた）に基づき退職金の半額の返還請求をした事案である。裁判所は，X社が「営業担当社員に対し退職後の同業他社への就職をある程度の期間制限することをもつて直ちに社員の職業の自由等を不当に拘束するものとは認められず」，したがって，X社が「その退職金規則において，右制限に反して同業他社に就職した退職社員に支給すべき退職金につき，その点を考慮して，支給額を一般の自己都合による退職の場合の半額と定めることも，本件退職金が功労報償的な性格を併せ有することにかんがみれば，合理性のない措置であるとすることはできない。すなわち，この場合の退職金の定めは，制限違反の就職をしたことにより勤務中の功労に対する評価が減殺されて，退職金の権利そのものが一般の自己都合による退職

の場合の半額の限度においてしか発生しないこととする趣旨であると解すべきであるから，右の定めは，その退職金が労働基準法上の賃金にあたるとしても」，同法3条（均等待遇），16条（損害賠償予定の禁止），24条（賃金全額払いの原則）および民法90条（公序良俗）等の「規定にはなんら違反するものではない」と判示している。

　退職金不支給の有効性について判断した裁判例に，中部日本広告社事件（名古屋高判H2.8.31）がある。広告業を営む会社の退職金支給規程に，退職後6か月以内に同業他社に就職した場合には退職金を支給しない旨の不支給条項があったところ，その会社の従業員が，同社の退職後，同社と競業関係に立つ広告代理業を自営したことから，その従業員に対し退職金を支払わなかったというものである。裁判所は，「本件退職金（中略）が以上のように，継続した労働の対償である賃金の性質を有すること（功労報償的性格をも有することは，このことと矛盾するものでないことは，前記のとおりである。），本件不支給条項が退職金の減額にとどまらず全額の不支給を定めたものであって，退職従業員の職業選択の自由に重大な制限を加える結果となる極めて厳しいものであることを考慮すると，本件不支給条項に基づいて」退職金を「支給しないことが許容されるのは，同規定の表面上の文言にかかわらず，単に退職従業員が競業関係に立つ業務に6か月以内に携わったというのみでは足りず」，退職従業員に「労働の対償を失わせることが相当であると考えられるような第一審被告に対する顕著な背信性がある場合に限ると解するのが相当である。すなわち，退職従業員は，第一審被告に対し本件退職金の請求権を，右のような背信的事情の発生を解除条件として有することになるものと解される。いわば，このような限定を付されたものとして，本件不支給条項は有効であるというべきである」（中略）「そして，このような背信性の存在を判断するに当たっては，第一審被告にとっての本件不支給条項の必要性，退職従業員の退職に至る経緯，退職の目的，退職従業員が競業関係に立つ業務に従事したことによって第一審被告の被った損害などの諸般の事情を総合的に考慮すべきである」と判示している。そして，退職従業員が会社から一部違法な賃金削減を含む厳しい対応をさ

れ，事実上退職に追い込まれ，生活のために競業関係に立つ広告代理業を営業した経緯や，退職従業員によるその営業を始めたことにより前社が大きな影響を受けたとまでは認められないこと等から，顕著な背信性は認められないとして退職金不支給条項を適用することは許されないものと判断した。

(3)　具体的な条項例

　以上のように，就業規則等において競業避止義務違反の場合の退職金減額または不支給条項を設けることで，それに基づく減額または不支給の措置が事案によっては可能となるので，就業規則等においてこれらの条項を設けることを勧めたい。これらの具体的な条項例は，【条項例1－1】のとおりである。

【条項例1－1】就業規則における退職金減額・不支給条項

> 第●条（競業避止義務違反の場合の退職金減額又は不支給）
> 　社員が就業規則第●条に定める競業避止義務に違反した場合又は社員につき退職後当該違反に相当する事由があることが明らかになった場合，会社は，その裁量において，2分の1相当額の範囲で減額しもしくは退職金を支給せず，又は支給済みの退職金の返還を求めることができる。

　もっとも，これらの条項を設けたからといって，直ちに退職金の減額または不支給が認められるわけではないこと（賃金の後払い的性格に照らし一定の制約を受けること）は上記のとおりであるので，実際に退職金の減額または不支給の措置を採る際には，退職従業員の退職に至る経緯，退職の目的，退職従業員が競合関係に立つ業務に従事したことによって会社が被った損害などの諸般の事情を踏まえて退職従業員の背信性の有無・程度を判断し，実行の有無を検討する必要がある。

2　違約金

(1)　違約金条項の有効性

　退職後の競業避止義務を課した場合に，その義務の違反行為を抑止するために，またその義務の違反行為による損害賠償請求をする際の損害額立証の困難性を回避するために，違約金の定めを設けることが考えられる。

　違約金とは，一般に，債務不履行があった場合に支払うことを，債務者が債権者にあらかじめ約束した金銭のことをいう。違約金は，損害賠償額の予定であると推定される（民法420条3項）。損害賠償額の予定とは，債務不履行があった場合に備えて，あらかじめ損害賠償の金額を取り決めておくことである（民法420条1項）。損害賠償額の予定が合意された場合には，別段の意思表示がない限り，債務不履行により生じた損害額が（実際に生じた損害額にかかわらず）予定された金額とみなされることとなる。この違約金（損害賠償額の予定）は，債務不履行が認められても，それによる損害を算定することが困難な事案においてあらかじめ設定されることが多い。

　競業避止義務の違反行為があった場合に，その違反行為から生じた損害を立証するのは容易ではないため，有効な違約金条項を設けることができれば有用であるといえる。

　もっとも，退職後の競業避止義務違反に対する違約金を定める場合には，留意点がある。

　まず，競業避止義務違反の場合に限らないが，違約金を定める場合に，その金額が社会的に相当と認められる範囲を超えて著しく高額である場合には，公序良俗に反し無効であると判断されるおそれがある。

　また，競業避止義務違反の違約金については，「労働契約の不履行について違約金を定め，又は損害賠償額を予定する契約をしてはならない」と規定する労働基準法16条に抵触するのではないかとの問題がある。この規定の趣旨は，違約金等の請求をされることをおそれて労働者が自由に退職できなくなることを防止することにある。違約金が「労働契約の不履行」について定められたと

いえる場合には，上記労働基準法に違反することになるが，退職後の競業避止義務の不履行であれば，すでに労働契約が終了した後の違反行為であるので「労働契約の不履行」ではないと考え得る。もっとも，違約金の合意自体は労働契約が終了する前に成立しているのであり，具体的な事情のもとで，退職後の競業避止義務違反に対する違約金の定めがあることが，実質的に労働者の退職の自由への足かせとして機能することがないともいえない。

　以上からすれば，退職後の競業避止義務違反についての違約金については，それを設けるかどうか，また設ける場合でもその金額について，また，実際に違約金を請求するかどうかの判断において慎重な検討が必要であろう。

(2)　裁判例

　この点，退職後の競業避止義務違反の違約金規定の有効性について争われた裁判例として，ヤマダ電機事件（東京地判H19.4.24）がある。原告である家電量販店の従業員であった被告が，退職直後から人材派遣会社への登録を経て競合会社の子会社で就労を行いその後競合会社に就職した事案である。被告は原告を退職する際，「退職後，最低1年間は同業種（同業者），競合する個人・企業・団体への転職は絶対に致しません」，「上記に違反する行為を行った場合は，会社から損害賠償他違約金として，退職金を半額に減額するとともに直近の給与6ケ月分に対し，法的処置（民事・刑事ともに）を講じられても一切異議は申し立てません」との内容を含む誓約書を原告に提出していた。

　これについて裁判所は，上記違約金条項が，「違反の態様等を区別することなく，『損害賠償他違約金として，退職金を半額に減額するとともに直近の給与6ケ月分に対し』と規定していることに照らすと，原告に退職金の半額および給与6か月分を超える損害が現実に生じた場合に原告がそれを立証して損害賠償を請求することができるかどうかはともかく，本件のように原告がその立証をしない場合には，違約金の上限を退職金の半額および給与6か月分に相当する額と定めたものであり，その範囲内で，違反の態様，原告および退職者に生じ得る不利益等を考慮して，違約金の額を算定すべきものと解するのが相当

である」と判示した。

　そして，退職金の半額とする部分については，退職金の功労報償的な性格を踏まえ，「被告が本件誓約書に違反して同業者に転職したことにより，原告に勤務していた間の功労に対する評価が減殺され，退職金が半額の限度でしか発生しないとする趣旨であると解することが可能であるから，退職金の全額を支給した原告がその半額を違約金として請求することは不合理なものではない」と判断した。

　他方で，給与6か月分とする部分については，「給与は現実に稼働したとの対価として支給されるものであること，これをすべて違約金とした場合には被告に生ずる不利益が甚大であるに対し，被告が本件誓約書に違反したことにより原告に具体的な損害が生じたとの立証はないことに照らすと，その全部を本件の違約金とすることは相当でない」とし，被告による違反の態様が軽微なものではなかったこと等を考慮し，結論として，給与の1か月分相当額の限度で，違約金とすることに合理性があると判断し，その限度で違約金の請求を認めた。

(3)　具体的な条項例

　違約金の定めを設ける場合の条項例は，【条項例1-2】のとおりである。

【条項例1-2】違約金条項

第●条（競業避止義務違反の場合の違約金）
　〔「就業規則」／「競業避止に関する誓約書」／「競業避止に関する合意書」〕第▲条に定める競業避止義務に違反した場合，会社は当該社員に対し，違約金として金●円を請求することができる。会社に当該金額を超える損害が生じたときは，会社は当該超過額についても請求することができる。

コラム🔍　**違約金と似て非なるもの——違約罰**

　「違約金」とよく混同される概念として「違約罰」というものがある。「違約罰」というのは，本件でいえば会社に生じた損害とは無関係に発生するものであり，違約罰を定めた場合には，会社は違約罰のほかに，別途会社に生じた損害について損害賠償請求することが可能となる。

　違約罰を定める場合には，「違約金」という用語ではなく「違約罰」という用語を使用するか，別途の損害賠償義務が発生することを明記しておく必要がある。

　違約罰を定める場合の条項例を以下に記載する。

第●条（違約罰）
　従業員が，〔「就業規則」／「競業避止に関する誓約書」／「競業避止に関する合意書」〕第▲条に違反した場合，会社に対して【　】円の違約罰を支払うほか，会社に生じた損害について別途損害賠償義務を負うものとする。

第4　退職後の競業避止義務合意書面の作成方法

1　作成のポイント

　これまで見てきたとおり，退職後の競業避止義務については，誓約書や合意書，就業規則等における規定があったとしても，必ずしもそれらの規定が有効になるわけではない。せっかく規定を設けても，いざ退職者による競業避止義務の違反行為があった際に，それらの規定の効力が否定されてしまっては，実効的な被害回復を行うことはできない。よって，前記第2で述べた有効性判断

基準を踏まえ，有効性が認められる蓋然性の高い内容にする必要がある。

　以下，退職後の競業避止義務の合意書面の形式ごとに，作成のポイントや留意点を解説する。

2　誓約書，合意書等

(1)　提出または締結のタイミング

　提出または締結（以下「提出等」という）のタイミングとしては，入社時，在職中および退職時があり得る。

　入社時のメリットとしては，誓約書や合意書の内容への同意を入社の条件とすることで，確実に合意を成立させることができる（合意をした者のみが入社する）という利点がある。他方で，入社時点では，将来どのような業務を行うのかが不確定であることが多く，よって競業避止義務の具体的内容・範囲を明確に特定するのが困難という問題点がある。その意味で，ある程度抽象的・画一的な義務内容にならざるを得ず，有効性判断においてその合理性について厳しく検討されることにつながりやすい。

　在職中の提出等は，例えば，特定のプロジェクトのメンバーに加わる際や，部署異動，昇進をする際等が考えられる。この場合，従業員が従事する個別的な業務内容を前提に，競業禁止の必要性（守るべき企業の正当な利益）について具体的に説明をすることができるため，社員に納得してもらいやすい。また，今後も在職の状態を継続する以上，提出等を拒否して会社との関係を悪化させたくないという心理状況も働くため締結等に応じてもらいやすいという利点がある。他方で，従業員が合意の締結を拒んだ場合の対応が困難（当該社員のみ提出等をしないことによる他の社員の不公平感，合意の締結を拒んだことを理由とする昇進のとりやめ等について有効性を争われる可能性など）という問題点がある。

　退職時の提出等については，退職時の従業員の地位や具体的業務内容を踏まえた競業避止義務の内容・範囲を具体的に特定しやすい（有効性判断において合理的範囲の制約であると認められやすい）という利点がある。また，まさに

退職直前に競業避止義務に合意しているため，入社時の提出等よりもその合意の有効性が認められる可能性が高まる。他方で，近々退職する従業員にとって，新たに合意書等の提出等に応じるインセンティブがないこと（提出等を拒んで会社との関係がギクシャクしても関係ない），退職後に競合他社への転職や，競合会社の立上げを予定している従業員ほど誓約書の提出等に抵抗を示すであろうことから，素直に提出等がなされる蓋然性が比較的低いという問題点がある。

(2)　就業規則における誓約書，合意書の提出等の義務づけ

　入社後に，従業員に対して退職後の競業避止義務に関する誓約書や合意書の提出等を求めたとしても，基本的に従業員にはこれに応じる法的義務はない。よって，上記(1)で述べたように，これらの提出等を拒否された場合には対応に困る事態となってしまう。このような事態に備えるために，あらかじめ就業規則において，退職後の競業避止義務を定めた誓約書や合意書の提出等を義務づけておくという方法が考えられる。これにより誓約書や合意書の提出等が労働契約の内容になっていると考えることができると思われる。よって，在職中や退職時に誓約書等を提出等させることを予定している場合には，あらかじめ就業規則において誓約書や合意書の提出等を義務づけておくことが有用である。

【条項例1－3】誓約書の提出や合意書の締結を就業規則において義務づける場合の条項例

● 入社時

　社員は，入社に際し，会社が指定する別紙書式による〔「競業避止に関する誓約書」／「競業避止に関する合意書」〕を〔提出／締結〕しなければならない。

● 在職中

> 　社員は，〔○○へ昇進する際には／○○プロジェクトに参加する際には〕
> 会社が指定する別紙書式による〔「競業避止に関する誓約書」／「競業避
> 止に関する合意書」〕を〔提出／締結〕しなければならない。〔誓約書が提
> 出されない場合／合意書が締結されない場合〕，会社は当該社員の〔昇進
> ／○○プロジェクトへの参加〕を留保又は取り消すことができる。

● 退職時

> 　社員は，退職する際には，会社が指定する別紙書式による〔「競業避止
> に関する誓約書」／「競業避止に関する合意書」〕を〔提出／締結〕しな
> ければならない。

(3)　競業避止義務に関する誓約書の内容

　誓約書の書式は，巻末の書式集を参照されたい。

3　就業規則

(1)　就業規則において競業避止義務を定める意義

　退職後の競業避止義務をあらかじめ就業規則に定めておくことで，上記2(1)
の入社時の誓約書・合意書で述べたように，当該就業規則の条項への同意を入
社の条件とすることができ，合意をした者のみを入社させることができるとい
う利点がある。また，従業員に対して，個別の手続なくして漏れなく広く競業
避止義務を課すことができるという利点もある。

　ただし，就業規則は当該事業場のすべての従業員に画一的に適用されるもの
であるところ，各従業員の具体的業務内容や地位，会社の重要な情報，ノウハ
ウ等への接触，関与度合い等の個別の事情に基づくことなく定めざるを得ない
という特徴がある。この特徴により就業規則上の競業避止義務条項は，個別の
誓約書や合意書の条項と比べ有効性が認められづらいものといえる。そこで，

以下で述べるように，就業規則のみで定めるのではなく，個別の誓約書や合意書と併せて利用するなどの工夫が有用である。

(2)　就業規則と個別合意（誓約書，合意書等）との関係

　退職後の競業避止義務について，就業規則において規定を設けつつ，個別の誓約書や合意書でも規定を設ける場合に注意が必要なのが，就業規則に定める基準に達しない労働条件を定める契約を無効とする労働契約法12条との関係である。個別の誓約書や合意書において，就業規則よりも広範囲の制約を設けた場合に，これら誓約書や合意書の規定が無効になってしまうおそれがある。これを回避するには，例えば，就業規則上は「社員は在職中及び退職後●か月間は，自ら会社の事業と競合する事業を行い，または競業する事業を営む他社に雇われ，その他当該事業の経営に関与してはならない」というような原則的な規定を設けておき，「ただし，〔会社が社員と個別に競業避止義務について契約を締結した場合／社員が別途競業避止義務についての誓約書を提出した場合〕には，当該〔契約／誓約〕によるものとする」というように，個別的な合意をした場合はそれが優先する旨定めておくことが望ましい。

【条項例1－4】就業規則の競業避止義務に関する条項例
●その1

> 第●条（競業避止義務）
> 　社員は，在職中及び退職後【●か月間／1年間】は，会社の書面による同意なく，自ら会社の事業と競合する事業を行い，または競業する事業を営む他社に雇われ，その他当該事業の経営に関与してはならない。ただし，会社が社員と個別に競業避止義務について契約を締結した場合には，当該契約によるものとする。

● その２

> 　社員は，在職中又は退職後【●か月間／１年間】は，会社の書面による
> 同意なく，第●条の秘密情報を利用して競業行為を行うことはできない。

　【条項例１－４】その１では，競業行為自体を禁止するほか，競業する事業を営む他社への就職も禁止する内容となっている。ただし書を設けた趣旨は，上記(2)で説明したとおりである。

　【条項例１－４】その２のように，禁止する競業行為の態様を限定すること（条項例では会社の秘密情報を利用して行うものに限定している）も可能である。禁止される競業行為の範囲が限定されるという点で，条項の有効性が肯定されやすくなるという利点はあるが，他方で，例えば退職者が競業する会社を設立し競合する事業を行っている場合に，その事実の立証に加え，会社の秘密情報を利用しているという点の立証をしなければ上記条項違反の責任を問えないというリスクがある。

コラム🔍 退職後の競業避止義務についての合意がない場合

　退職後の競業避止義務についての合意がない場合に，退職後の競業避止義務は一切認められないのだろうか。

　退職後の競業避止義務はその合意が存在し，かつ当該合意の内容が合理的である場合にはじめて有効であることは，前記第2・2のとおりである。しかし，合意がない場合であっても，例外的に，競業行為の態様が公序良俗に反すると認められる程度に違法性の高いものである場合には，不法行為や債務不履行（労働契約の付随義務違反）に該当するものとして，損害賠償請求が認められる場合がある。

　この点，これを肯定した裁判例としては，以下のものがある。

● 横浜地判H20.3.27

　理美容店の総店長であった従業員が，退職の際に顧客カードを持ち出し，退職後に近くの同業他店で同カードを利用したという事案である。「過度の競業避止義務を課するのは職業選択の自由の観点からも問題であるから，従前勤務していた店舗を退職後その近くの店舗で稼働することについても，原則としてこれが法的に禁じられる理由はない」としつつも，「事業者にとって，その顧客が退職者と共に流出し，その競業行為に利用されることが無条件に許容される謂われはなく，従業員は就業規則や内規等に定めがなくても，雇用契約に付随する義務として競業避止義務を負う場合があるというべきであって，元従業員の地位，待遇，競業に係る当該行為が事業者に及ぼす影響，行為態様，計画性等を総合考慮して，それが社会通念上不相当と認められるときは，競業避止義務違反として不法行為を構成するというべきである」と判示している。

● 東京地判H5.1.28

　秘書業務代行業を営む会社を退職した後，その顧客を奪って同種の営業をしたという事案において，「原則的には，営業の自由の観点からしても労働（雇傭）契約終了後は」競業避止義務等を

「負担するものではないというべきである」としつつも，「すくなくとも，労働契約継続中に獲得した取引の相手方に関する知識を利用して，使用者が取引継続中のものに働きかけをして競業を行うことは許されないものと解するのが相当であり，そのような働きかけをした場合には，労働契約上の債務不履行となるものとみるべきである」と判示している。

＊　＊　＊

　もっとも，退職後の競業避止義務合意がない場合に，「元従業員等の競業行為が，社会通念上自由競争の範囲を逸脱した違法な態様で元雇用者の顧客を奪取したとみられるような場合には，その行為は元雇用者に対する不法行為に当たるというべきである」という規範によりつつも，具体的事案において，退職後のあいさつの際に独立後の受注希望を伝える程度のことをしたが，「取引先の営業担当であったことに基づく人的関係等を利用することを超えて，被上告人の営業秘密に係る情報を用いたり，被上告人の信用をおとしめたりするなどの不当な方法で営業活動を行ったことは認められない」こと等を理由に，社会通念上自由競争の範囲を逸脱した違法なものとはいえないとして，損害賠償責任を否定した判例（最判H22.3.25）やその他損害賠償責任を否定した裁判例も多数あるところである。

　退職後の競業避止義務合意が存在しない場合に，退職者が競業により損害賠償義務を負うのは例外的な場合であるので，競業行為の態様が公序良俗に反すると認められる程度に違法性の高いものといえるかどうかは，元従業員の元の会社における地位，元の会社の営業秘密の利用の有無，元の会社に生じる損害の程度，取引先に虚偽の事実を告げて勧誘したか等の要素を踏まえ，実質的かつ緻密に判断される傾向にあるといえる。

第5 | 競業行為により損害を被っている 場合の対処法

　退職後の競業避止義務に関する合意がある場合でも，退職者が合意に反して秘密裏に競業行為を行うケースは存在する。その場合，競業行為を継続されることにより刻一刻と会社には損害が生じることとなる。そのため，会社としては，まず競業自体を止めさせたいと考えることが多いであろう。また，退職者の競業行為により損害が生じた場合にはその回復を図りたいと考えるのが通常であると思われる。

　以下では，実際に退職者による競業避止義務違反行為が行われた場合の会社の具体的対応手順や，違反行為を行った退職者に対して採り得る対抗措置について解説する。

1　警告書の送付

　退職者による競業避止義務違反が発覚した場合に会社としてまず考えるべきことは，いち早く競業を止めさせ，自社の利益を守ることである。そのための手段の1つとして，内容証明郵便等による警告を行うことが考えられる。警告自体に法的な拘束力はないが，退職者によっては事態の重要性を認識し，競業行為を自主的に中止する場合もある。具体的な手順は【図表1－14】のとおりである。

【図表1－14】警告書の送付検討フロー

①　競業行為の発覚 　　　↓ ②　事実関係の調査，証拠の収集 　　　↓ ③　競業避止義務に違反しているかの検討

↓
④　警告書の名義の検討
↓
⑤　警告書の送付

(1)　競業行為の発覚

競業行為の発覚からすべてが始まる。競業行為が発覚する原因は様々であり、取引先からの情報提供、取引先からの突然あるいは不自然な契約打切り、退職者が新たに設立した競業会社のホームページ、従業員からの申告、さらには退職者によるSNSの投稿などから発覚することもある。

(2)　事実関係の調査、証拠の収集

退職者による競業行為が発覚した場合、会社は、速やかに事実関係の調査を行うとともに、証拠の収集を進める必要がある。具体的には、以下のような証拠収集を行う。

① 　ホームページやSNS画面の保存

ホームページやSNSなどの投稿から退職者による競業行為がうかがわれる場合、これらの画面を保存する（可能な場合はソースコードも取得する）。これらの情報は退職者によりいつ削除、変更されるかわからないので、疑わしい情報があればなるべく早く上記対応を採る必要がある。

② 　登記簿謄本の取得

退職者が設立した会社、または退職者が転職した会社が競業行為を行っている可能性がある場合、登記簿謄本を取得し、役員構成および設立時期を確認することが有益である。役員構成は、退職者が役員として関与しているのか、従業員としての関与にとどまるのかを判断するために必要となる。また、設立時期を確認することで自社に在職中に設立されたものであるのか、退職後に設立

されたものであるのかを確認する。登記簿謄本の確認により，例えば，想定していた退職者以外の退職者や従業員，取引先の担当者が関与していることが発覚するなど，意外な情報が明らかになることがある。

③　取引先や従業員からの聴取り

　取引先や自社の従業員から退職者による競業行為の情報提供があった場合（噂話にとどまる場合も含む），速やかに聴取りを行う。5W1Hを意識し，Who（だれが），When（いつ），Where（どこで），What（なにを），Why（なぜ），How（どのように），競業行為と思しき行為を行っているのかを具体的に聴き取る。聴取りの対象者の供述を裏づける客観的な証拠があるかどうかを意識しながら聴取りを行うとよい。複数回にわたり聴取りを行うことが難しい場合も多いため，録音を行う。会話の録音は相手の許諾を得なくとも必ずしも違法ではなく，また裁判上も基本的には有効な証拠として扱われるため，相手方の許諾は必須ではない。

④　調査会社への依頼

　ある程度競業行為を行っている確証が得られたら，調査会社（信用調査会社，リサーチ会社，探偵社など）に調査を依頼することも考えられる。調査会社の調査では，登記簿謄本などの情報では得られない，対象会社の取引先や設立経緯，従業員数，売上規模などが判明することがある。調査会社による調査には費用がかかるため，事案の重要性との兼ね合いで調査を依頼するか決定をする。

(3)　競業避止義務に違反しているかどうかの検討

　事実関係の調査，証拠の収集がある程度終了したら，退職者の行為が競業避止義務に違反するかどうかの検討を行う。競業避止義務を負っている従業員であるのか，競業避止義務に違反する行為といえるのか，それにより自社にどの程度の損害が生じているのかを検討する。この検討には法的な判断が必要となるため，自社での対応が難しい場合には，弁護士に相談をすることも検討する。

弁護士に相談をする際には，これまでの事実関係の調査結果，収集した証拠を時系列でまとめておくとスムーズである。

　検討の結果，退職者が競業避止義務に違反していると考えられるときは，その事態の重要性，緊急性等に応じ，①内容証明郵便による警告書の送付から行うのか，警告書の送付を経ずに②仮処分の申立てや，③訴訟提起を行うのかを決定する。

(4)　警告書の名義の検討

　警告書の送付を行う場合，会社名義で送付する場合と，弁護士名義で送付する場合がある。それぞれのメリット・デメリットは【図表1−15】のように整理することができる。これらを考慮の上，事案に応じて会社名義とするか弁護士名義とするかを決定する。

【図表1−15】警告書の名義に係るメリット・デメリット

	会社名義	弁護士名義
メリット	会社と元従業員の関係であるため，柔軟な話し合いによる解決が図れる場合がある。	第三者たる専門家名義による文書であるため，相手方が事態の深刻さを理解しやすい。
デメリット	退職者が事態の深刻さを理解せず，警告を無視する等の対応を採る場合がある。	第三者が入ることにより，柔軟な解決ができず，事態が硬直化するおそれがある。

(5)　警告書の送付

　警告書の送付は，内容証明郵便により行う。内容証明郵便とは，いつ，いかなる内容の文書が誰から誰宛てに差し出されたかということを，差出人が作成した謄本によって郵便局が証明する制度である。内容証明郵便を利用することで，「そのような警告書は受け取っていない」などの退職者による後日の言い逃れを封じることができる。

　警告書の文例については，巻末の書式集を参考にされたい。

2　仮処分（差止め）

⑴　警告書の送付以外の措置

　上記1のとおり，警告書の送付はあくまで裁判外の手続であり，強制力を伴うものではないため，退職者が警告書を無視する，あるいは警告に従わないことも珍しくない。よって，まずは警告書を送付する場合でも，それに対する退職者の反応をみることと並行して，次の措置の検討も同時に進めることが望ましい。

　警告書の送付以外の措置としては，①競業行為の差止めの仮処分，②競業避止義務違反に対する損害賠償請求（民事訴訟），③競業行為の差止請求（民事訴訟）が考えられる。それぞれの特徴は【図表1－16】のとおりである。

【図表1－16】警告書の送付以外の措置

手段	特徴
①競業行為の差止めの仮処分	・競業避止義務を負っている退職者に対し，一定の行為を止めさせることおよび将来もそれを行わないことを命ずる決定を求めて行う仮処分の申立て（民事訴訟とは別制度） ・比較的迅速に決定が出される（通常2〜3か月程度）
②競業避止義務違反に対する損害賠償請求（民事訴訟）	・競業避止義務に違反する行為により被った損害に関し，退職者に金銭的な損害を賠償するよう請求するもの ・判決までに時間がかかる（通常1年程度）
③競業行為の差止請求（民事訴訟）	・競業避止義務に違反する行為そのものを差し止めるよう請求するもの ・判決までに時間がかかる（通常1年程度）

　以上のように，裁判手続を利用した方法としては大きく3つの手段がある。しかし，競業行為を受けている企業としてはいち早く競業行為を止めさせたいことが通常であるところ，③民事訴訟による競業行為の差止請求は時間がかかるため，①の仮処分手続のほうが多く使われているのが現状である。

以下では，①競業行為の差止めの仮処分について解説する。

(2)　競業行為の差止めの仮処分の手続

【図表1-17】競業行為の差止めの仮処分の一般的な手続の流れ

```
①　仮処分の申立て
        ↓
②　債権者および債務者に対する裁判官の面接（審尋）
        ↓
③　保全命令の発令
```

①　仮処分の申立てとは

　仮処分とは，訴訟での判決を待っていたら時間がかかり，その間も刻一刻と債権者の権利が侵害されてしまうような場合に，債権者に差止請求をする地位を「暫定的に」認め，債務者に対し一定の行為の差止めを命じるものであり，民事保全制度の1つである[1]。

②　仮処分申立ての要件

　仮処分の申立ては，管轄のある裁判所に対して，申立ての趣旨と申立ての理由を明らかにして行う。

（i）　申立ての時期

　訴訟での判決が確定するまでは，いつでも申し立てることが可能である。一般的には，仮処分の申立ては訴訟の提起前に行われることが多い。しかし，訴訟の進行中に，新たな重大な競業行為が発覚する場合や，すでに発覚していた

1　民事保全制度には，（i）仮差押え，（ii）係争物に関する仮処分，（iii）仮の地位を定める仮処分の3種類があるが，競業行為差止めの仮処分は，競業避止義務違反が生じている，あるいは生ずるおそれがある場合に，当該競業行為を中断させることを求めるものであり，（iii）仮の地位を定める仮処分に分類される。

競業行為であっても想定していたよりも重大な損害が生じていることが明らかになることがある。このような場合には，一刻も早く問題行為を止めさせるために，訴訟の進行中に仮処分の申立てを行うこともある。

(ii)　申立ての趣旨

申立ての趣旨とは，発令を求める仮処分命令の内容である。例えば，【図表1－18】のような申立ての趣旨が考えられる。

【図表1－18】申立ての趣旨の例

> 申立ての趣旨
>
> 1　債務者は，令和●年●月●日から1年間，債権者と競合関係にある事業者で就業してはならない。
> 2　申立費用は債務者の負担とする。
> との決定を求める。

(iii)　申立ての理由

申立ての理由とは，i）被保全権利とii）保全の必要性のことである。i）被保全権利とは，債権者が守りたい（保全したい）権利や権利関係のことを指し，ii）保全の必要性とは，債権者に生じる著しい損害または急迫の危険を避けるために仮処分命令が必要であること（民事保全法23条2項）についての具体的な事情（判決を待っていられない具体的事情）を指す。

競業行為差止めの仮処分についていえば，i）被保全権利として，競業避止義務違反を理由とする競業行為の差止請求権，ii）保全の必要性として，義務違反により損害が発生し，拡大していることなどを記載することとなる。

③　仮処分の審理手続

(i)　双方審尋

民事保全の審理は，すべてを書面だけで行うことも制度上は可能であるが，

通常は債権者に対する裁判官の面接（審尋）が行われる。面接においては，被保全権利や保全の必要性，疎明資料（証拠）についての説明が求められる。

　これに加え，競業行為の差止めを求める仮処分のような仮の地位を定める仮処分においては，仮処分命令が出された場合に債務者が被る影響が大きくなることが多いため，債権者および債務者の双方が自己の主張を記載した書面や疎明資料を提出し，債権者のみならず債務者に対する審尋も行うことが通常となっている（双方審尋という）。

　(ii)　担保決定

　仮処分命令は，訴訟よりも短期間で判断がなされること，また要求される立証の程度が訴訟よりもある程度緩やかであること等から，仮処分命令の内容と最終的な訴訟での結論が異なる事態が起こり得る。このような場合に仮処分命令により債務者が被る損害を担保するため，仮処分命令を発令する際に，裁判所が債権者に対し担保を立てるよう命ずることが通常である。担保金額は，後に訴訟で債権者が敗訴した場合に，債務者が保全により被る損害の予想額，判決の見通し，被保全債権の確実性，疎明の程度等を考慮して，裁判所がその裁量により決定する（もっとも，多くの裁判所では一応の担保基準が定められており，実際には当該基準を参考にしつつ担保額が決められているようである）。

④　仮処分に関する裁判例

　以下，競業避止義務に関する仮処分について，仮処分命令が認められたものと認められなかったものをそれぞれ紹介する（【図表1－19】【図表1－20】参照）。

【図表1−19】仮処分命令が認められたもの

番号	裁判例	理由	結論
1	東京地決H22.9.30 （アフラック事件）	・債務者は，在職中，債権者の様々な営業上の秘密を把握している。 ・債務者は債権者の執行役員として多くの保険代理店の経営層との間で親密な信頼関係・人的関係を構築してきた。 ・債務者がA生命保険に就職し，同社の取締役等の業務または同社の営業部門の業務に従事した場合には，これらを利用して債権者の営業利益を侵害する具体的なおそれがある。	退職の翌日から1年間，競業他社の取締役等の業務ならびに営業部門の業務に従事することについて，差止めの必要性がある。
2	大阪地決H21.10.23 （モリクロ事件）	・債権者において，めっきに関する独自の技術やノウハウを有していた。 ・これを前提とすれば退職後の競業避止義務を定める必要がある。 ・競業避止義務の期間が1年間と合理的範囲である。	10万円ないし40万円の担保を立てさせた上で，解雇後1年間，特定のめっき加工業務などの製造業務に従事してはならない。

【図表1−20】仮処分命令が認められなかったもの

番号	裁判例	理由	結論
3	大阪高決H18.10.5 （A特許事務所事件）	・誓約書に記載している競業禁止条項が不明確であり合意がそもそも成立していない。 ・仮に合意が成立してい	申立ての趣旨は「債務者らは，それぞれ以下の各日を経過するまで，債権者の依頼者にとって競合関係を構成する特許事務

		たとしても，当該従業員の業務は，本件事務所の業務の一部分にすぎない。 • 再就職先の制限をしなければ本件事務所の顧客の技術秘密が漏えいする可能性が高いとも認められない。	所及び法律事務所において就業してはならない」という内容であったが，いずれも却下された。
4	大阪地決H7.10.16 （東京リーガルマインド事件）	• 競業行為の差止めを請求するには，当該競業行為により使用者が営業上の利益を現に侵害され，またはその具体的なおそれがある場合であることが必要である。	申立ての趣旨は「債務者Aは平成8年3月末日まで，債務者Bは平成9年5月25日まで，司法試験受験予備校及び塾の営業をし若しくはそれらを営業する会社の役員となり，又は司法試験受験予備校及び塾に勤務し若しくはそれらにおいて講師業務をしてはならない」という内容であったが，いずれも却下された。

3　訴訟（損害賠償請求）

(1)　損害賠償請求の法的根拠

　競業避止義務について合意があり，当該合意が有効である場合は，当該合意（契約）についての違反行為となるため，債務不履行に基づく損害賠償請求（民法415条）が可能である。また，会社の法的利益を不法に侵害するものとして不法行為に基づく損害賠償請求（民法709条）も可能である。

　他方で，競業避止義務に関する合意がない，または合意が無効と判断される場合であっても，競業行為の態様が公序良俗に反すると認められる程度に違法性の高いものである場合には，不法行為や債務不履行（雇用契約の付随義務違反）に基づく損害賠償請求をすることができる場合がある（34頁コラム参照）。

(2)　一般的な手続の流れ

　競業避止義務違反に対する損害賠償請求訴訟の一般的な手続の流れは【図表1−21】のとおりである。他の民事訴訟と特段変わるところはない。

【図表1−21】競業避止義務違反に対する損害賠償請求訴訟の一般的な手続の
　　　　　　　流れ

```
① 訴訟提起
     ↓
② 書面による主張・立証（概ね半年〜1年以上）
     ↓
③ 証人尋問，当事者尋問
     ↓
④ 判決
```

(3)　競業避止義務違反に対する損害賠償請求訴訟において主張立証すべき内容

　競業避止義務の合意に違反したこと（競業避止義務違反）を理由として退職者に対して損害賠償請求を行う際に，会社として主張立証すべき内容は以下のとおりである。退職者からのよくある反論も紹介しつつ，解説する。

　なお，損害賠償請求の法的根拠としては，上記3(1)のとおり，債務不履行に基づく場合と，不法行為に基づく場合があるが，両者において会社が主張立証すべき事項は実質的に共有する部分が多いため，以下では，債務不履行に基づく損害賠償請求を念頭において解説する。

　債務不履行に基づく損害賠償請求で構成する場合に会社が主張すべき内容は以下のとおりである。

```
① 退職者が競業避止義務を負っていること
② 退職者が①に違反する行為を行っていること
```

> ③　会社に損害が発生したことおよびその額
> ④　②の違反行為と③の損害との間に相当因果関係があること

① 　退職者が競業避止義務を負っていること

　会社としては，退職者との間に競業避止義務契約が成立していたことを立証する必要がある。競業避止義務契約が成立していたことの証拠としては，競業を禁止する条項が含まれる誓約書，就業規則等がある。

　これに対し，退職者からは，誓約書等に退職後の競業を禁止する条項が存在するとしても，その条項は従業員の職業選択の自由（憲法22条１項）を不当に制約するものであるため，無効であるという反論がなされることがよくある。

　これに対し，会社は，退職後の競業行為を禁止する条項の有効性の判断基準（本章第２・３参照）に照らし，有効性が肯定される要素をなるべく多く拾い，主張立証することで競業禁止条項の有効性を主張していくこととなる。

② 　退職者が①に違反する行為を行っていること

　競業禁止条項が禁止の対象とする競業行為を退職者が実際に行っていることを主張立証する。例えば，会社の事業と競合する事業を営む他の会社の役員に就任することを禁止されている場合には，退職者が役員として記載されているその他の会社の登記簿謄本を提出する。また，会社に在職中に担当した顧客に対して営業活動を行うことが禁止されている場合には，退職者から営業活動を受けたことについての顧客の供述書を提出する等の方法により，退職者が禁止された競業行為を行っていることを立証することとなる。

③ 　会社に損害が発生したことおよびその額

　退職者の競業避止義務違反の行為により，会社にどのような損害が生じたのか，またその損害額はいくらなのかを特定し，主張立証する必要がある。

　退職者により競業行為がなされた場合，その行為によって実際に会社に金銭の支出が生じること（いわゆる積極損害が生じること）は多くはない。むしろ，

退職者の競業行為によって，会社の営業が妨害され，本来得られるはずであった利益が得られなくなるという損失（いわゆる消極損害または逸失利益）が生じることが多い。このような消極損害（逸失利益）の立証をしなければならないという点が，競業避止義務違反に基づく損害賠償請求の難しい点の1つである。

　なお，民事訴訟法には，損害が生じたことは認められるが，損害の性質上その額を立証することが極めて困難である場合に，裁判所が口頭弁論の全趣旨および証拠調べの結果に基づいて，相当な損害額を認定することができるという規定がある（同法248条）。退職者の違法な競業行為により会社の社会的，経済的信用が低下したようなケースでは，会社に一定の損害が生じたことは認められるものの，損害の性質上，その金額を立証することが極めて困難といえるので，裁判所に対して，民事訴訟法の上記規定を適用するよう求めることを積極的に検討する。

　以下，損害賠償請求を認容した3つの裁判例が，それぞれどのように損害額を認定しているかを紹介する（【図表1－22】参照）。

【図表1－22】競業避止義務違反に基づく損害賠償請求を認容した裁判例

番号	判例の概要
1	東京地判H23.6.15（長谷工ライブネット事件） 【事案】 　不動産賃貸管理等を業務とする会社に出向していた従業員が，同社の賃貸・建物管理業務に関する情報を守秘義務に違反して漏えいした上，競業避止義務に違反して同業他社の営業活動に関与し，さらに不正に漏えいした情報を営業活動において利用することにより違法な競業活動を行ったことにつき，不法行為と認められた事例。 【損害に関する当事者の主張】 （原告の主張） 　原告は，被告の違法な競業行為によって，本件物件について，平成21年11月1日または平成22年1月1日以降の賃貸・建物管理業務による報酬を失った。これによる損害は，本件物件の賃貸・建物管理契約により得られたであろう収益に相当し，賃貸・建物管理契約が通常2年間の契約期間である

ことに鑑みると，本件物件について2年間に得られた利益が損害額となる。この損害額は，本件物件の直近6か月の実績から算出した1か月分の粗利（合計228万円）により計算すると，合計5470万円（2年分）となる。

（被告の主張）

本件各オーナーが賃貸・建物管理契約を原告から被告会社に切り替えたのは，1物件1担当者制を採用する被告会社が管理会社として適当であると自ら判断した結果であって，被告による行為と原告の損害との間には，相当因果関係の前提となる条件関係すらないというべきである。

【損害に関する判断】

（結論）

原告が得られる粗利（2年間分）の1割に相当する部分が，上記不法行為と相当因果関係のある損害であると認められる。

（理由）

本件物件によって原告が得られる粗利（2年間分）は約5472万円に上るものと認められるものの，①被告会社は，1物件1担当者制というコンセプトに着目し，物件のオーナーが抱いていた不満ないし要望に応じることによって，相当数の契約切替えに成功したという側面があると解されること，②被告らが在籍していた当時に培った，各オーナーとの間における人的・信頼関係も相当程度寄与していると解されること，③被告会社は本件情報（原告の賃貸・物件管理業に関する情報の一部）を用いたという点において自由競争の範囲を逸脱しているが，少なくとも証拠上は，上記本件情報の利用はごく一部（住所・連絡先等）にとどまっていること（オーナーの住所・連絡先等については，別途把握する余地もあること），④原告は，2年間の契約期間を基準としているが，各物件ごとに現契約の始期・終期（残期間）は異なっていると認められること，⑤賃貸・建物管理契約の解約は原則自由であり，競業他社との自由競争に委ねられているという意味で，原告が賃貸・建物管理契約の存続への期待は不安定なものといわざるを得ない。

2　東京地判H2.4.17（東京学習協力会事件）

【事案】

進学塾の講師（2名）が，年度の途中で代替要員を確保する時間的余裕を与えないまま講師の大半を勧誘して退職し，業務上入手した情報に基づいて生徒を勧誘して，新たに設立した進学塾に入学させた行為が，就業規則上の競業避止義務に違反するとして，連帯しての損害賠償義務を免れないとされた事例。

【損害に関する争点】

（原告）

原告は，生徒らが原告に在籍していれば支払を受けたであろう授業料等に

よる収入を喪失し，生徒の募集のため多額の広告費を負担しなければならなかった。原告はこれによって合計金7245万1220円の損害を受けた。

（被告）

　原告の会員（生徒）を勧誘したことは資本主義社会における自由競争の範疇に属することであって，なんら違法の問題を生じない。

【損害に関する結論】

（結論）

　被告らの競業避止義務違反による原告の逸失利益は，原告に対し昭和61年6月ないし8月に退塾届けを提出した合計117名について，昭和61年度の夏期講習および9月ないし11月の期間中の授業料に相当する金額の限度で収入を金1255万6000円と試算し，これから必要経費を控除することにより得られる利益率が30%であるとして原告の逸失利益を算定すると，その金額は金376万6800円となる。

（理由）

　進学塾についてはその間で競争が激しく，長期間にわたって生徒数が安定することを期待し得ない（この事実は弁論の全趣旨により認める）から，業界において確固不動の地位を占めているような塾は別として，その逸失利益を算定する際には慎重にこれを行うべきである。

| 3 | 東京地判H5.1.28（チェスコム秘書センター事件） |

【事案】

　電話による秘書代行業務を行う会社が，元従業員に対し，退職後会社の顧客台帳を利用して同種の業務を行い顧客を奪ったことを理由として損害賠償請求をし，一部認容された事例。

【損害に関する争点】

（原告）

　平成2年2月現在，原告が契約している顧客から株式会社Ａ（被告らが関与する競業会社）との契約に切り替えた顧客は36件である。原告は月額金3万円の業務委託料を受託しており，被告らの行為がなければ，少なくとも1年間は原告への業務委託が継続したものといい得るから，少なくとも原告は被告らの行為により金1296万円の損害を被った。

【損害に関する結論】

（結論）

　業務委託金（月額3万円），契約を切り替えた件数（36件）および株式会社Ａの受託金（月額金2万円）その他本件に顕れた諸般の事情を勘案して，これを金500万円と見積ることとする。

（理由）

　原告に対する顧客の業務委託料が月額金3万円であることは認定のとおりであるが，右金額（売上）を単純に原告の純利益とみることができないことはいうまでもない。

　原告の業務内容からすれば，いったん顧客を獲得すればそれほどの経費をかけることなく業務委託料を得ることができるものであることはこれをうかがうことができるけれども，それでも全く経費がかからないとは考えられない。機械の保守・点検経費やオペレーターの経費その他の一般管理費等の経費がかかることは当然である。しかるに，本件にあっては，そのような経費を判断するための証拠は一切提出されてはいない。

　また，原告は，1年間分の業務委託料を請求するが，1年間とする根拠は首肯し得るものがない。

コラム🔍 **顧客との取引が継続していた場合に
　　　　　今後得られたであろう利益とは**

　退職者による競業行為によって会社の顧客が奪取されたといえる場合は，その顧客と取引が継続していたと仮定した場合に今後得られたであろう利益が会社の損害となる。このとき注意を要するのが，原則として，あくまで今後得られたであろう「利益」が損害額となるものであり，「収益」（売上）が損害として認められるわけではない点である。会計上，「収益」（売上）から「費用」を差し引いた金額が「利益」であるが，仮に顧客が奪取され，収益が入らないこととなったとしても，その顧客に対して費やす予定であった費用の支出についても会社は支出を免れることとなるため，会社に生じている損害は「収益」部分ではなく「利益」部分となるのである。

　より厳密にいえば，「費用」の中には売上高に比例して増加する「変動費」（材料費や当該顧客にかかる人件費など）と，売上高に関係なく発生する「固定費」（賃料や減価償却費など）が存在する。競業行為により会社の顧客が奪取された等の損害を主張する場合には，収益（売上）から，売上高に比例して増加する「変動費」を差し引いた，「限界利益」といわれる部分が，退職者による競業行為により得られなかった利益であり，当該部分が損害となる。固定費は顧客奪取があったとしてもなかったとしてもいずれにせよ発生する費用であるため，損害として捉える必要がないからである。このように，理論上は限界利益が損害であるが，実際には何が変動費で何が固定費かの区別ができない場合も多いため，変動費か固定費かを厳密に区別することなく収益（売上）から費用を差し引いた利益額を損害として主張することも実務上はあり得るところである。

④　②の違反行為と③の損害との間に相当因果関係があること

　会社は，②の退職者の違反行為と，③の損害との間に相当因果関係（その行為から通常その結果が生じるといえる関係）が存在することを主張立証する必要がある。例えば，退職者の競業行為により特定の顧客との取引を失ったケースでは，退職者の具体的な競業行為により当該顧客との取引が失われたこと，もし退職者の競業行為がなければ，当該顧客との取引が将来も一定期間継続していたといえること，そして，その期間取引が継続していれば一定の収益（売上）や利益を得られていたであろうことを，当該顧客との取引内容や取引実績，業界の同種取引の実態等を踏まえ，具体的に主張立証する必要がある。

　この点，退職者からは，会社と顧客の取引が終了したという結果が生じたとしても，それは退職者の競業行為が原因ではなく別の要因によるものである，あるいは退職者の競業行為により会社が顧客との取引を失ったとしても，会社と顧客の取引がその後2年も3年も継続していたとは限らず，せいぜい数か月程度である，などの反論がなされることがある。自由競争原理のもとでは，顧客が会社との取引関係をいつ中止するかも自由であるし，また新たに誰と取引を開始するかも本来自由であるから，退職者の上記のような反論に対して有効な再反論をするには，顧客との取引内容や取引終了の具体的経緯，それまでの取引実績等に基づき，退職者の競業行為が顧客との取引喪失につながった具体的経緯，取引喪失がなければ少なくとも将来の一定の期間，顧客との取引が継続していた蓋然性が高いこと等を実質的かつ具体的に主張立証していく必要がある。

第6 | 設例への回答

1　はじめに

　本章冒頭の設例は，X社をほぼ同時期に退職したSE事業部の事業部長Y1および同事業部の課長Y2が，在職中に競合会社であるA社を設立し，退職後に

A社において事業活動を行っているという事案である。X社の就業規則には，在職中の競業行為を禁止する条項はあるが，退職後の競業行為を禁止または制約する条項は存在しない。

　X社がYらに対して採り得る措置に関し，以下，Yらの在職中の行為と退職後の行為に分けて検討する。

2　在職中の競業行為

　Yらは在職中の競業行為を禁止する就業規則の条項に違反して，X社と競合するA社を設立しているので，このようなYらの行為は競業避止義務の違反行為となる。Yらのこの違反行為によりX社に損害が生じている場合には，X社はYらに対し，債務不履行または不法行為に基づく損害賠償請求を行うことができる。ただし，A社を設立しただけでは，必ずしもそれによりX社に具体的な損害が発生しているとはいえないケースが多いと思われる。損害賠償請求を行うためには，原則として，YらがA社としての活動を行う中でX社の顧客や取引先を奪取しそれにより売上（利益）が減少するなどの具体的損害がX社に発生していることが必要である。もっとも，X社の就業規則や個別の誓約書等において，競業避止義務に違反した場合の違約金の定めがある場合（そしてその金額が合理的な範囲にとどまっている場合）には，X社は損害額の立証をすることなく違約金額を請求することができる。また，X社の就業規則や退職金規程において，競業避止義務に違反した場合には退職金を減額または不支給にする旨の規定がある場合には，当該規定に従い退職金の減額または不支給の措置を採ることができる（ただし，具体的事情において，Yらの行為態様に顕著な背信性が認められない場合には，特に不支給の措置は認められない可能性がある）。

3　退職後の競業行為

　就業規則に退職後の競業避止義務の定めがないので，X社はYらに対し，退職後の競業行為について，差止請求や損害賠償請求をすることができないのが

原則である。しかし，Ｙらが在職中から他の従業員に対し大規模または計画的
な引抜き行為を行っていた，Ｘ社の顧客情報その他の秘密情報を持ち出してA
社のために使用していた，あるいはＸ社の顧客に対してＸ社についての虚偽の
事実を告げてA社に契約を切り替えるよう働き掛けた等の事情がある場合には，
社会通念上自由競争の範囲を逸脱した違法なものと評価され，Ｘ社のＹらに対
する損害賠償請求が認められる可能性がある。

4　講じておくべきであった予防措置

　本章設例においては，退職後の競業避止義務の合意が存在しないので，Ｙら
の退職後の競業行為に対して，Ｘ社が差止請求を行うことはできない。またＹ
らのこれらの行為によりＸ社に損害が生じた場合でも，Ｘ社がＹらに対して損
害賠償請求ができるのは限られた例外的な場合となってしまう。このような事
態を避けるためには，あらかじめ退職後の競業行為について競業避止義務の合
意を締結しておく必要があった。また，Ｙらの競業行為（在職中か退職後かを
問わない）により生じた損害についてＹらに賠償請求をするにあたり，Ｘ社に
おいてその損害額を立証するのは容易ではない。具体的な損害額の立証をする
ことなく経済的被害を回復することを可能とするため，あらかじめ違約金の定
めや，退職金の減額または不支給の定めを設けておくことが有用であった。

第 2 章

情報の漏えい・不正使用によるリスク

設　例

　　X社は不動産管理業を営む会社で，年間の売上が5億円程度の会社である。今年に入り，X社の勤続15年の営業部長であるY1とその部下であるY2，Y3（以下，Y1〜Y3を総称して「Yら」という）が退職し，Yらは退職後，X社と同業の会社を立ち上げた。

　　その後，X社は徐々に売上が低迷し始め，時期を同じくして，YらがX社の顧客名簿を利用してX社の取引先に営業をかけているとの噂を聞くようになった。現にX社は取引先のうち複数社から契約更新を断られ，今期売上は4億円程度まで落ち込みそうである。なお，X社の顧客名簿は，何十年もの地道な営業活動により蓄積されてきた重要な顧客獲得ツールであるため，X社では退職者全員に対し誓約書を提出させ，顧客名簿を持ち出したり，退職後も含め業務外でこれを利用したりしないことを誓約させている。

　　X社は，Yらに対して，顧客名簿を返還させ，その利用を止めるように求め，さらに顧客情報の利用によりX社が被った損害を賠償させることはできるか。

説　明

　　本章では，従業員による会社の秘密情報の不正な持出し，漏えい，不正使用等（以下「秘密情報の漏えい等」という）に関する法律問題を解説する。

　　退職を予定していない従業員の場合であっても，例えば顧客名簿業者への売却などの目的により秘密情報の漏えい等が行われることはあるが，退職予定者の場合には，退職後に転職先の会社等で自己のために情報を使用し得る機会が生じるため，在職時の情報の持出しや退職後の不正使用等のリスクがより高まることになる。そこで，会社としては，退職者による秘密情報の漏えい等が生じないように事前の予防策を採っておくことが非常に重要である。

　本章では，そのような具体的な予防策や，実際に退職者によって秘密情報が漏えい等されてしまった場合の対応策について解説する。

　なお，「秘密情報」とは，法律用語ではなく，明確な定義は存在しないが，本章では，会社が事業を運営するために保有している情報で，社内で第三者への漏えいや業務外の利用を禁止されている情報を指すものとする。他方，「営業秘密」については，不正競争防止法2条6項に「「営業秘密」とは，秘密として管理されている生産方法，販売方法その他の事業活動に有用な技術上又は営業上の情報であって，公然と知られていないもの」と定義されており[1]，この法律上の要件を満たした場合にはじめて営業秘密として認められる。一般的に，秘密情報として指定されるものの中には営業秘密が含まれていることが多いため，秘密情報は営業秘密より広い概念であるとされる。

第1 | 秘密情報の漏えい等が企業に与えるリスクとは

　会社は，多種多用な情報資産を保有し利用することにより，商品の生産，販売，サービス提供などの様々な企業活動の価値や効率性を高めている。会社の情報資産には，顧客情報，ビジネスモデル，自社のノウハウ，人事・財務情報など様々なものがあるが，この中には他社に知られていない独自の情報であるがゆえに高い価値を有する秘密情報が存在する。このような秘密情報が他社に漏えいしたり使用されたりすれば，会社はその情報を用いることによる競争力や優位性を失い，会社の経営に多大な損害や悪影響を与えることになる。

　また，秘密情報の中でも個人情報[2]については，会社は，個人情報に関する

1　「営業秘密」の具体的な要件・内容等については，本章第4・4をご参照いただきたい。
2　生存する個人に関する情報であって，氏名や生年月日等により特定の個人を識別することができるもの（他の情報と容易に照合することができ，それにより特定の個人を識別することができることとなるものを含む），または，個人識別符号が含まれるものをいう。（個人情報保護法2条1項）。

データの安全管理のために必要かつ適切な措置を講じなければならず（個人情報の保護に関する法律（以下，「個人情報保護法」という），個人情報保護法20条），原則としてあらかじめ本人の同意を得なければ個人情報に関するデータを第三者に提供してはならないとされている（同法23条1項）。したがって，個人情報が一従業員によって会社外に漏えいするような事態が生じれば，従業員のみならず会社も責任を負うこともある。この場合，会社のレピュテーションが大きく低下するリスクがあることに加え，多額の損害賠償義務を負うケースも想定される。

　以上の理由から会社が社内の秘密情報を適切かつ有効に管理し，秘密として保護される体制を講じることは，この情報社会において，企業活動の安定的な運営のために必要不可欠な課題となっているのである。

コラム🔍 実際に起きた従業員の秘密情報漏えいによる
　　　　企業の経済的ダメージ

　2014年7月に，株式会社ベネッセコーポレーションのシステムの開発，運用を行っていた会社の業務委託先の従業員が，約2830万件の顧客情報を不正に持ち出し，名簿業者に売却していたという事件が発覚した。

　同事件後の株式会社ベネッセホールディングスの2014年4月～12月後の連結決算では，個人情報漏えいの対策のために約260億円の特別損失が計上され，純利益は前年同期比82.2％減の約36億円となった。それだけではなく，情報漏えい発覚当時の2014年7月9日の株式時価総額は約4201億円であったが，2か月後の9月9日には約3583億円まで下落している。

　このような事例から，秘密情報の漏えいにより企業が計りしれない経済的ダメージを受ける可能性があることが見て取れる。

第2 秘密保持義務合意とその有効性

1 秘密保持義務の法的根拠・有効性

　秘密保持義務とは，一般的に，特定の情報を第三者に開示・漏えいせず，また，その情報を会社業務などの本来の目的以外のために使用してはならないという義務である。

　では，どのようにして従業員の秘密保持義務が生じるのであろうか。また，従業員が秘密保持義務を負うことについて合意していれば，どのような場合でも有効に秘密保持義務を課すことができるのであろうか。

(1) 秘密保持義務合意がない場合

　在職中については，従業員は労働契約に基づく付随的義務として，信義則上，会社に対して誠実に労務を提供し，会社の利益をことさらに害するような行為を避けるべき責務を負うとされており，その一環として，会社の業務上の秘密について秘密保持義務を負うとされている（東京高判S55.2.18等）。よって，社内にて秘密情報であると指定され，実質的にも会社にとって秘密とすべき情報である限り，在職中は仮に秘密保持義務を定める規定がなくとも，従業員は秘密保持義務を負う。

　これに対し，退職後については在職時の秘密保持義務が当然に延長されるわけではなく，原則として，退職後も秘密保持義務を負うとする旨の就業規則や誓約書等による明文の根拠規定（以下「秘密保持義務合意」という）が必要とされる。そこで，退職後の秘密保持義務合意がない場合には，退職者による秘密情報の漏えいや転職先等での使用について責任を追及することは困難となる。

　もっとも，第4・4にて後述するとおり，持ち出された秘密情報が不正競争防止法上の「営業秘密」に当たる場合には，秘密保持義務合意がない場合でも，その情報の返還，使用の差止めを求めたり，漏えい等によって生じた損害の賠

償を請求することができる。

(2)　秘密保持義務合意がある場合

　秘密保持義務を課していたにもかかわらず退職者がこれに違反して秘密情報を持ち出したり業務外で使用したりした場合，これらの行為は会社との合意に違反するものであるため，債務不履行に該当する。よって，会社としては，退職者に対し，情報の返還や使用の差止め，損害賠償を求めていくことが可能となる。

　ただし，退職後も秘密保持義務を負う旨の合意がすべて有効というわけではない。このような退職後の秘密保持義務は，労働者の職業選択の自由や営業の自由を制限する側面を有するからである。

　この点につき，裁判例は「このような退職後の秘密保持義務を広く容認するときは，労働者の職業選択または営業の自由を不当に制限することになるけれども，使用者にとって営業秘密が重要な価値を有し，労働契約終了後も一定の範囲で営業秘密保持義務を存続させることが，労働契約関係を成立，維持させる上で不可欠の前提でもある」とした上で，「労働契約終了後も一定の範囲で秘密保持義務を負担させる旨の合意は，その秘密の性質・範囲，価値，当事者（労働者）の退職前の地位に照らし，合理性が認められるときは，公序良俗に反せず無効とはいえないと解するのが相当である」と判示している（東京地判H14.8.30（ダイオーズサービシーズ事件））。すなわち，従業員が退職後の秘密保持義務について合意した場合であっても，その合理性が認められないときは無効となってしまうのである。

　同裁判例では，誓約書において，「顧客の名簿及び取引内容に関わる事項」ならびに「製品の製造過程，価格等に関わる事項」という例示に加え，会社の「業務に関わる重要な機密事項」を対象として退職後の秘密保持義務が定められていた。

　このような条項の有効性判断に際し，同裁判例では「顧客の名簿及び取引内容に関わる事項」および「製品の製造過程，価格等に関わる事項」について，

「マット・モップ等の個別レンタル契約を経営基盤の一つにおいている原告にとっては，経営の根幹に関わる重要な情報であり，これを自由に開示・使用されれば，容易に競業他社の利益または原告の不利益を生じさせ，原告の存立にも関わりかねないことになる点では特許権等に劣らない価値を有するものといえる」「被告は，原告の役員ではなかったけれども，埼玉ルートセンター所属の「ルートマン」として，埼玉県内のレンタル商品の配達，回収等の営業の最前線にいたのであり，「『顧客の名簿及び取引内容に関わる事項』並びに『製品の製造過程，価格等に関わる事項』」の（埼玉県の顧客に関する）内容を熟知し，その利用方法・重要性を十分認識している者として，秘密保持を義務付けられてもやむを得ない地位にあったといえる」などとして，退職後の秘密保持義務に関する誓約書の定めを有効と判断した。

　これに対し，東京地判H20.11.26では，会社と従業員の間で，「業務上知り得た会社の機密事項，工業所有権，著作権及びノウハウ等の知的所有権は，在職中はもちろん退職後にも他に一切漏らさないこと」「私は，貴社を退職後も，機密情報を自ら使用せず，又，他に開示いたしません」との条項を含む合意が締結されていた事案につき，秘密保持義務合意を有効と認めなかった。その理由として，秘密情報の対象となる情報についての定義や例示がなく，いかなる情報が秘密情報に該当するかが不明であることや，従業員がその情報を外部に漏らすことの許されない営業秘密として保護されているということを認識できるような状況に置かれていたとはいえないこと等の事情から，従業員にその情報について秘密保持義務を負わせることは予測可能性を著しく害し，退職後の行動を不当に制限する結果をもたらすものであって不合理であると判示している。

　このように，退職後の秘密保持義務合意も当然に有効になるわけではなく，秘密保持の対象となる情報の範囲や明確性，義務を課される従業員の地位等の個別具体的な事情に照らし，合理性が認められる場合に限り有効となる。秘密保持義務の対象となる情報が広範に過ぎる場合や包括的・抽象的でその対象が明らかでない場合など，その内容に合理性が認められない場合は無効となるた

め，秘密情報の内容を可能な限り例示したり具体化したりするなどして十分な特定を行うことに留意しなければならない。ただし，この合理性の判断は，退職後の競業避止義務を定める合意の有効性判断に比べ，比較的緩やかに判断されている。競業への就業自体を禁止する等の競業避止義務に比べ，秘密保持義務のほうが，退職者に課す自由の制限が格段に限定されているからである。

第3 　秘密情報の漏えい等を防止するための予防策

　会社の秘密情報の漏えい等がいったん発生すると，その前の状態に戻すことは困難である。退職者から秘密情報の開示を受けた漏えい先は，直接的に会社に対して秘密保持義務を負うものではないため，使用を差し止めることは容易ではない。また，いったん秘密情報が退職者によって持ち出されると，仮に返還させたとしても，その写しが退職者側の様々な媒体に残っているリスクは払拭できない。さらに，会社が秘密情報の漏えいや不正使用を行った従業員等に対し差止請求や損害賠償請求を行ったとしても，漏えい等によって被った損害の額の立証をするのは相当のハードルを伴うことから，会社に生じたすべての損害を回復することは困難である。このように，秘密情報の漏えい等が回復困難な実害を会社にもたらすことからすれば，会社は，従業員による漏えい等を防ぐために，できる限りの予防策を講じることが重要である。

　本項では，まず，経済産業省が公表している「秘密情報の保護ハンドブック[3]」に基づき，5つの「対策の目的」とそれに応じた情報漏えい対策について説明し，その後，就業規則や秘密情報管理規程，従業員に提出を求める誓約書の整備，社内研修の実施などについて具体例を述べながら，説明する。

3　経済産業省「秘密情報の保護ハンドブック～企業価値向上に向けて」（2016年2月）https://www.meti.go.jp/policy/economy/chizai/chiteki/pdf/handbook/full.pdf

1　会社における情報漏えい対策

⑴　5つの「対策の目的」

　経済産業省が公表している「秘密情報の保護ハンドブック」では，秘密情報の漏えい対策として有効な手段や漏えい時に推奨される対策等が包括的に提示されている。

　同ハンドブックでは，秘密情報の漏えい対策の目的を5つに分けた上で，誰に対して対策を行うのかという視点で，会社における従業員，退職者，取引先，外部者に対するそれぞれの秘密情報の漏えい対策が紹介されている。5つの「対策の目的」は，場所・状況・環境に潜む「機会」が犯罪を誘発するという犯罪学の考え方などを参考にしながら，秘密情報の漏えいの原因となる事情を考慮して設定されたものである。具体的には，【図表2－1】のとおりである。

【図表2－1】秘密情報の漏えい対策の5つの目的～犯行の段階に応じた対策
　　　　　　　の選択～

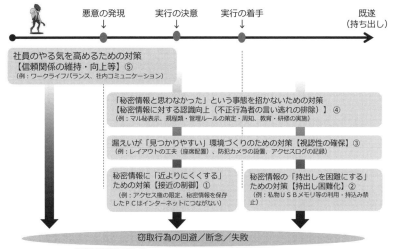

（出所）経済産業省「秘密情報の保護ハンドブック～企業価値向上に向けて」（2016年2月）

⑵　5つの「対策の目的」とそれに応じた情報漏えい対策

　【図表2−2】は，同ハンドブックに掲載されている5つの「対策の目的」
と，これに沿った従業員・退職者に対する情報漏えい対策の具体例をまとめた
ものである。会社は具体的対策欄記載の対策を実施することが望ましいが，す
べての対策を実施しなければ不十分となるわけではない。会社の規模，業種，
秘密情報の評価や利用態様，情報漏えい対策への予算の多寡等の事情に応じて，
合理的かつ効果的となる情報漏えい対策は異なるため，会社の実情に応じて専
門家にも適宜相談しながら対策を講じるべきである。

【図表2−2】従業員・退職者に対する情報漏えい対策の具体例

5つの「対策の目的」	具体的対策
【①接近の制御】 秘密情報に「近よりにくくする」ための対策	【従業員に向けた対策】 a．ルールに基づく適切なアクセス権の付与・管理を実施して，秘密情報を閲覧・利用等することができる者（アクセス権者）の範囲を適切に設定する b．情報システムにおけるアクセス権者のID登録 c．分離保管による秘密情報へのアクセスの制限 d．ペーパーレス化 e．秘密情報の復元が困難な廃棄・消去方法の選択
	【退職者に向けた対策】 a．適切なタイミングでのアクセス権の制限
【②持出し困難化】 秘密情報の「持出しを困難にする」ための対策	【従業員に向けた対策】 a．秘密情報が記された会議資料等の適切な回収 b．秘密情報の社外持出しを物理的に阻止する措置 c．電子データの暗号化による閲覧制限等 d．遠隔操作によるデータ消去機能を有するPC・電子データの利用 e．社外へのメール送信・Webアクセスの制限 f．コピー防止用紙やコピーガード付の記録媒体・電子データ等により秘密情報を保管 g．コピー機の使用制限 h．私物のUSBメモリや情報機器，カメラ等の記録媒体・撮影機器の業務利用・持込みの制限

	【退職者に向けた対策】 a．社内貸与の記録媒体，情報機器等の返却
【③視認性の確保】 漏えいが「見つかりやすい」環境づくりのための対策	【従業員に向けた対策】 a．職場の整理整頓（不要な書類等の廃棄，書棚の整理等） b．秘密情報の管理に関する責任の分担 c．「写真撮影禁止」，「関係者以外立入り禁止」の表示 d．職場の座席配置・レイアウトの設定，業務体制の構築 e．従業員等の名札着用の徹底 f．防犯カメラの設置等 g．秘密情報が記録された廃棄予定の書類等の保管 h．外部へ送信するメールのチェック i．内部通報窓口の設置 j．秘密情報が記録された媒体の管理等 k．コピー機やプリンター等における利用者記録・枚数管理機能の導入 l．印刷者の氏名等の「透かし」が印字される設定の導入 m．秘密情報の保管区域等への入退室の記録・保存とその周知 n．不自然なデータアクセス状況の通知 o．PCやネットワーク等の情報システムにおけるログの記録・保存とその周知 p．秘密情報の管理の実施状況や情報漏えい行為の有無等に関する定期・不定期での監査
	【退職者に向けた対策】 a．退職をきっかけとした対策の厳格化とその旨の周知 b．OB会の開催等
【④秘密情報に対する認識向上】 「秘密情報と思わなかった」という事態を招かないための対策	【従業員に向けた対策】 a．秘密情報の取扱方法等に関するルールの周知 b．秘密保持契約等の締結 c．秘密情報であることの表示
	【退職者に向けた対策】 a．秘密保持契約等の締結 b．競業避止義務契約の締結 c．秘密情報を返還・消去すべき義務が生ずる場合の

	明確化等
【⑤信頼関係の維持・向上等】 社員のやる気を高めるための対策	【従業員に向けた対策】 a．秘密情報の管理の実践例の周知 b．情報漏えいの事例の周知 c．情報漏えい事案に対する社内処分の周知 d．働きやすい職場環境の整備 e．透明性が高く公平な人事評価制度の構築・周知
	【退職者に向けた対策】 a．適切な退職金の支払 b．退職金の減額などの社内処分の実施

2　就業規則上の規定の整備

　前述のとおり，退職者に秘密保持義務を課すためには，就業規則・誓約書等における退職後も秘密保持義務を負う旨の規定，すなわち秘密保持義務合意が必要となる。このような秘密保持義務合意の締結は，前掲「秘密情報の保護ハンドブック」記載の秘密情報の漏えい対策となる5つの目的の観点でいえば，秘密情報の管理方法を明確化するという効果から「②持出し困難化」を実現し，また，秘密情報となる対象の範囲および各自が負う秘密保持義務の内容を認識させるという効果から「④秘密情報に対する認識向上」に対する対策の1つにもなる。以下では，まず，就業規則における秘密保持義務条項について解説する。

(1)　就業規則における秘密保持条項

　従業員に対し，在職中のみならず退職後も秘密保持義務を負わせるには，原則として，明文上の根拠が必要であるが，従業員によっては，会社の求める誓約書の提出を拒否する場合がある。そこで，まずは就業規則にて退職後も会社の秘密情報について秘密保持義務を負う旨の規定を整備しておくことが有用である。

　なお，就業規則と従業員からの誓約書のいずれにも秘密保持義務合意が定め

てある場合で，誓約書記載の秘密保持義務条項の内容が従業員にとって就業規則よりも不利な内容である場合，その部分は無効となり，就業規則が適用されることとなる可能性がある（労働契約法12条）。そこで，誓約書における秘密保持義務条項が労働者にとって就業規則よりも広範囲なものとならないように配慮し，就業規則上の秘密情報の対象については概括的な内容としておくことが望ましい。

【条項例２－１】就業規則における秘密保持義務の条項例

> 第●条　社員は，次の事項を遵守しなければならない。
>
> 　会社の内外を問わず，在職中，またはその理由の如何を問わず退職した後も，会社の秘密情報を業務上必要な目的以外で使用してはならず，会社の事前の許可なく，第三者に対して開示，提供等してはならない。

(2)　懲戒事由としての規定

　就業規則の作成義務のある事業者（常時10名以上の従業員を雇用している事業者）が従業員に懲戒処分を行うためには，懲戒事由を就業規則に規定する必要がある（労働基準法89条9号）。そのため，会社が，従業員について秘密保持義務に違反したことを理由として懲戒処分を行うためには，就業規則に秘密保持義務を規定し，同義務違反が懲戒事由に該当することを規定しなければならない。

　なお，雇用している従業員が常時10名未満である就業規則の作成義務のない事業所については，多くの判例・裁判例では，就業規則や労働契約書などの個別の労働契約で懲戒事由と手段が合意されている場合に，使用者は懲戒権を行使し得ると解釈されている。しかし，労働契約書に毎回すべての懲戒事由と手段を規定することは煩雑であるため，常時10名未満の事業所であっても，就業規則を作成し，秘密保持義務違反が懲戒事由の1つとなることを明示しておくことが望ましい。

　また，就業規則に定められているからといって無限定に懲戒処分が有効となるわけではなく，懲戒処分が，その対象となる行為の性質および態様その他の事情に照らして客観的に合理的な理由を欠き，社会通念上相当であると認められない場合は，その権利を濫用したものとして無効となる（労働契約法15条）。

　よって，持ち出された秘密情報の性質や悪質性などの事情に照らして過度な懲戒処分とならないよう注意が必要である。

【条項例2－2】就業規則において秘密保持義務違反を懲戒事由とする場合の条項例

> 第●条　会社は，社員がいずれかの事由に該当するときは，情状に応じて，第▲条に定める懲戒処分を行う。
> 　1　会社の秘密情報を漏えいし，または漏えいしようとし，もしくは業務上必要な目的以外で使用し，または使用しようとしたとき。

⑶　秘密保持に関する誓約書の提出義務

　入社後に従業員と会社との関係が悪化した場合には，従業員が秘密保持に関する誓約書の提出を拒むことが予想されるため，就業規則において，会社の求めに応じ，在職中のみならず退職後の秘密保持に関する誓約書を提出しなければならないとする条項を規定しておくことも考えられる。

【条項例2－3】就業規則における秘密保持誓約書の提出条項の例

> 第●条　社員は，会社に対して，会社が保有する秘密情報を秘密として保持するため，在職中及び退職後の秘密保持に関して，会社が必要と認めるときに誓約書の提出する。

3　秘密情報管理規程

　秘密情報管理規程は，社内情報の適正な管理・保全を行うことを目的として，秘密として保持すべき情報の範囲やその取扱方法について定めるものである。

　就業規則は，変更時に労働基準監督署への届出や労働者の過半数代表者の意見聴取などの手続が必要となるため，変更の生じやすい詳細な事項について就業規則に定めることは相当でない。そこで，会社の保有する秘密情報の具体的内容やその管理方法などの詳細な事項については，「秘密情報管理規程」のような社内規程を設け，この中で定めることが望ましい。

　また，詳細は後述するが，会社の保有する情報が不正競争防止法上の「営業秘密」に該当する場合には，民事上，刑事上いずれについてもより手厚い保護を受けることができるところ，この営業秘密に該当するためには，その情報が社内で秘密として管理されていることが必要となる。この点，秘密情報管理規程において秘密情報の表示方法が定められ，当該情報にその表示がなされていれば，社内で秘密として管理していることが明確になっているといえるため，営業秘密として認められやすくなる。

　秘密情報管理規程には，①秘密情報管理規程の適用範囲，②秘密情報の定義，③秘密情報の区分，④情報管理責任者の設置およびその権限，⑤漏えいの禁止，⑥目的外使用の禁止，⑦誓約書の提出等を規定する。秘密情報管理規程の記載例は，巻末の書式集を参照されたい。

4　秘密保持誓約書

(1)　秘密保持誓約書の取得時期

　従業員に対し在職中のみならず退職後についても秘密保持義務を課す方法として，従業員からその旨の誓約書や合意書を提出してもらう方法がある。

　まず，入社時は様々な書類上の手続があることから，従業員から漏れなく誓約書を得やすいタイミングである。もっとも，職種を限定せずに採用した従業員については，入社時点では会社の業務にあたり今後開示する秘密情報の対象

を限定することが困難であるため，誓約書において秘密保持義務を負わせる秘密情報の範囲が包括的，一般的な内容にならざるを得ない。しかし，秘密情報の範囲があまりにも包括的，一般的である場合には，職業選択の自由（憲法22条1項）等に照らして秘密保持義務の範囲が広範に過ぎるとして，秘密保持義務合意が無効と判断されるリスクがある。

　そこで，会社は，部署決定時，異動時，プロジェクト参加時，退職時など各段階に応じて，秘密情報の範囲をより明確化した秘密保持誓約書の提出を受けておくことが望ましい。

　特に退職時の秘密保持誓約書については，退職者の経歴や過去の担当業務を踏まえて，より具体的かつ明確に秘密情報の対象を特定でき，加えて，まさに退職する直前にその後自らが負う義務について合意することとなるため，入社時や在職時の誓約書に比べ，より有効性が認められやすい。

(2)　秘密情報の範囲

　入社時の誓約書については，前述のとおり，秘密情報の対象を厳密に特定することは困難である。もっとも，秘密情報の対象があまりにも包括的で広範に過ぎる場合には秘密保持義務合意が無効となるリスクがあるため，考えられる秘密情報の内容を具体的に列挙するなどして，できる限り特定することが重要である。

　プロジェクト参加時や異動時は，参画するプロジェクトや異動後の部署における業務内容を踏まえ，従業員が業務上知り得る秘密情報を特定した上で，誓約書の提出を求める。また，プロジェクトの進行等に伴い，当初想定していなかった秘密情報に接する機会が生じた場合などには，プロジェクトの進行途中または終了時において，適宜情報の範囲・内容を変更した上で再度誓約書等を締結しておくべきである。

　退職時は，退職者が開示を受け，または業務上知り得た情報の内容が明らかとなっているため，誓約書に記載する秘密情報をより具体化することができる。その際，退職者の知り得たすべての情報を列挙するのではなく，あくまでもそ

　の情報を秘密とすることが会社にとって必要な情報に限定することが望ましい。不必要な情報までを対象とし，広範に過ぎる秘密保持義務を課すことで，秘密保持義務合意の合理性が否定され無効となるリスクがあるからである。

　また，退職時の誓約書等で退職後の秘密保持義務を課す場合，退職者に対し，その範囲等に見合った退職金の上乗せ支給などの代償措置を行うことで，より秘密保持義務合意の有効性が認められやすくなる。

　秘密保持義務合意に関する具体的な条項例については，【条項例2－4】に記載するほか，巻末の書式集を参考にされたい。

【条項例2－4】入社時の誓約書における秘密保持義務条項の例

第●条

　貴社就業規則及び貴社情報管理規程を遵守し，次に例示される技術上，営業上の情報（以下総称して「秘密情報」という。）について，第三者に対し，方法の如何を問わず，貴社の許可なく第三者に開示・漏えいせず，また，貴社における業務以外の目的で使用しないことを約束いたします。

　　①製品開発に関する技術情報，製造原価及び販売における価格決定等の貴社製品に関する情報

　　②財務，予算，人事及び経営に関する情報

　　③各種マニュアル，顧客名簿，販売資料，各種調査情報

　　④…（中略）

　　⑤以上のほか，貴社が特に秘密保持対象として指定した情報

第●条（退職後の秘密保持）

　秘密情報については，貴社を退職した後においても，第三者に開示または漏えいせず，また貴社の業務以外のために使用しないことを誓約いたします。

第●条

　私が退職する場合または貴社から要求を受けた場合には，秘密情報及び秘密情報を含む書類，電子記録媒体その他の記録媒体の一切について，貴社の指示に従い，貴社に返還し，または廃棄・削除・消去いたします。

第●条
　異動時，プロジェクト参加時，退職時など，貴社からの求めに応じ，貴社との間で秘密保持の誓約書を提出することに同意いたします。

5　社内研修の実施

　就業規則や秘密情報管理規程にて秘密情報の取扱いに関する規定を定めていても，従業員に同規程の内容や必要性が十分に理解されていない場合には，それらの規程も形骸化し，適切な管理がなされないといった結果になりかねない。

　また，退職者により転職先で秘密情報の使用が行われ，会社が退職者に差止めや損害賠償等を求めようとする場合でも，退職者から「この情報は社内で秘密情報として扱われていなかった」という反論がなされることがある。

　このような事態を防ぐために，会社は，秘密情報の管理に関する社内研修を行い，従業員に対して，秘密情報の範囲や内容，秘密として管理することの必要性・重要性，具体的な取扱方法等につき，社内の規程等（就業規則，秘密情報管理規程等）に照らして説明を行い，従業員の認識を高めることが重要である。

　また，このような研修は，入社時はもちろん，従業員の理解の定着のために，定期的に繰り返し行うとよい。研修にて従業員に対し秘密情報管理の重要性を知らしめていたことが社内における秘密管理性を裏づける証拠になることもあるため，研修の議事録やレジュメ等は廃棄せず，保管しておくべきである。

【図表2−3】研修等の内容例

【研修等の内容例】
①　秘密情報について
・秘密情報の定義と特性
・秘密情報管理の重要性
・秘密情報の具体的な取扱いの方法
・不正競争防止法の営業秘密の定義，営業秘密保護の重要性

- 個人情報保護法に基づく適正な個人情報管理の方法

② 自社における秘密情報管理規程やルールについて
- 社内の秘密情報管理規程の内容説明，秘密として管理することの必要性
- 秘密情報管理規程やルールに則った現在の秘密情報の取扱状況
- 秘密情報管理規程やルールにおける秘密情報の管理責任者や担当者の責任の確認
- 秘密情報の漏えいまたは不正使用発生時の対応方法，ケーススタディ演習

6　テレワーク時の秘密情報の管理方法

　今般の新型コロナウイルス感染拡大に伴う外出自粛により，テレワークを実施，検討する会社が増加している。テレワークの実施にあたっては，秘密情報が社外に持ち出され自宅等で使用されることや，私有のパソコン上で秘密情報が利用されることが想定されるため，社外への持出しを画一的に禁止している場合に比べ，不正な目的での持出しや漏えいが行われやすくなることも事実である。

　このようなリスクを低減するために，会社はテレワーク下の情報管理に関する対応として，以下のような対応策を実施しておくことが望ましい。

(1) 就業規則，秘密情報管理規程等の社内規程がテレワークの実施に対応した内容になっているかの確認，改訂
(2) 就業規則，秘密情報管理規程等について従業員への周知徹底（メールによるリマインドやe-ラーニングの実施等）
(3) テレワークを行う従業員からの在宅勤務期間中の秘密保持誓約書の取得（当該誓約書には，前述の秘密保持誓約書での条項に，事前に許可を得ていないデータコピーを禁止する旨や，テレワーク終了時に個人のパソコンからの秘密情報の削除に同意する旨の条項を追加することが考えられる）
(4) 情報の性質に応じた秘密情報への適切なアクセス権者の設定
(5) 「㊙」（マル秘）・「社内限り」といった秘密であることの表示の付記
(6) ID・パスワードの設定

【図表2－4】秘密情報の漏えい等に対する時期に応じた予防・対応策のまとめ

入社時
- 就業規則，雇用契約書の条項の整備
- 秘密情報管理規程の整備
- 入社時誓約書の提出
- 異動・プロジェクト参加時誓約書の提出
- 情報の取扱いに関する社内教育（研修の実施等）
- 情報管理体制の構築・運用

など

退職意思の表明時
- 退職時誓約書の提出
- 就業規則，誓約書等の遵守義務の再確認
- パソコンデータ等に関するログ監視
- 社内情報を持ち出していないかの確認

など

退職，転職・独立時
- インターネット，SNS上の情報収集
- パソコンの履歴等による調査
- 関係者（取引先，自社従業員等）からのヒアリング・供述証拠化
- 警告書の送付
- 法的手続（仮処分・訴訟）の検討

など

第4　情報の不正取得・漏えい，不正使用が発覚した際の対応策

1　初動対応として行うべきこと

(1)　初動対応の重要性

　退職者による秘密情報の漏えい・不正使用のほとんどは，在職時に会社から秘密裏に秘密情報が持ち出されることによって起こる。そして，退職後の使用を企図した会社からの秘密情報の持出しは，行為者である従業員の退職後に発

覚することが多い。よくあるのが，X社を退職した元従業員Yについて，退職
後しばらくして，顧客から「退職したY氏から転職先の会社との取引の勧誘
メールが届いた」との連絡が寄せられたり，X社で開発中であった商品と類似
の製品がY氏の転職先から販売されていることが発覚したりするなどして，そ
の退職者のパソコン履歴を調べてみたところ，在職時に会社の情報がごっそり
と持ち出されていたことが発覚するケースである。

　秘密情報の漏えい等が発覚した場合，その情報が他社の業務に使用されるこ
とにより自社の優位性や顧客が奪われるなどの損害が日々刻々と拡大していく
おそれがあるため，できる限り迅速かつ適切な対応を採る必要がある。

(2)　事実関係の調査

①　パソコンの使用履歴等による調査

　退職者による秘密情報の漏えい等が発覚した場合，会社としては，まず，秘
密情報の流出経緯，すなわち，情報が持ち出された日時，持ち出した行為者，
持ち出された情報の範囲と内容，持出しの態様等の事実関係（いつ，何を，ど
こで，どのように持ち出したのか）を調査し，できる限り特定する。

　現在，企業内の多くの情報はパソコンで管理されているため，秘密情報の持
出しもパソコン上で行われるケースが増えている。その手段は，プリントアウ
トした上での持出し，USBメモリによる複製，インターネット上のサービスを
用いた無断アップロード，秘密情報をファイル添付した上での個人アドレスへ
のメール送信など様々であるが，パソコンの使用・通信履歴やメールの送受信
履歴にその痕跡が残されていることが多い。なお，パソコンの使用・通信履歴
については，ログ管理ソフトの活用によって，より詳細な履歴を取得すること
ができるようになるため，積極的な導入をお勧めする。また，退職者によって
パソコン上の履歴が削除されているようなケースもあるが，現在は削除データ
の復元技術も発達している。削除されているおそれがある場合には，デジタル
情報の保全，調査，解析を行うデジタルフォレンジック業者に依頼し，削除
データを調査・復元することも検討すべきである。

　その他にも，不自然な日時に事務所に出入りする監視カメラの映像や，転職先のホームページ，SNSに投稿されている退職者の近況などが参考になる場合もある。様々な手段を用いて調査を行い，できるだけ迅速に事実関係を確定すべきである。

②　関係者・本人へのヒアリングによる調査

　パソコン上の記録に限らず，関係者へのヒアリングも重要である。退職者が在職中に同僚や部下に対して引抜き行為も行っているような事案では，社内情報の持出しについても共有されていることも多く，結果的に会社を退職せずに残った従業員が情報の持出しについても重要な事実を知っている場合がある。秘密情報の漏えいや不正使用が会社にとって多大な損害を与え得ることをよく説明し，協力を求めることが重要である。

　顧客情報の持出しは，退職者から連絡が来たなどの既存顧客からの報告により発覚することも多い。この場合には，既存顧客から，いつ，どのような手段で連絡があり，その内容はどのようなものだったかを詳しくヒアリングしたり資料の提供を受けたりすることで，持ち出した情報の範囲やその使用方法を推測することができる。

　また，退職者である本人と話をすることができるようであれば，本人にも事実関係を確認することが考えられる。もっとも，「身に覚えがない」として否認された場合，ある程度の証拠を示さない限り自認に転じることは考えがたいため，前もって客観的証拠を集めたり，本人以外の証言を集めたりした上で本人へのヒアリングの機会に臨むことが望ましい。

コラム🔍 デジタルフォレンジック技術の活用

　「デジタルフォレンジック」とは，パソコンやスマートフォンの端末などに蓄積されるデジタルデータに関する鑑識調査や情報解析に伴う技術や手順のことをいう。IT技術やネットワーク，セキュリティ分野のみならず，法的分野に関する専門知識とノウハウも必要となる。

　日本でデジタルフォレンジックが著名になった事件としては，2006年にライブドア，ライブドアマーケティングの2社と当時の取締役らが証券取引法違反で起訴された，いわゆる「ライブドア事件」が挙げられる。この事件で，検察側は，押収したパソコンなどから大量の電子メールやデータファイルを復元し，有罪の証拠となる重要な証拠を発見した。被疑者はもともとITの知識に詳しく，削除ソフトを使用するなどして念入りにデータを削除していたが，検察側の高度なデジタルフォレンジック技術により，削除前のデータが復元されたのである。

　近時，デジタルフォレンジック技術によって判明したデータ等の証拠が，刑事上，民事上ともに判決のための重要な証拠となるケースは，より一層増えている。

　特に，企業内不祥事の調査では，電子メールやデータファイルなどのデジタルデータの調査は必要不可欠となっており，第三者調査委員会による調査報告書でもデジタル証拠について言及したものが増加している。

　退職者による秘密情報の持出しについても，退職者が使用していた社内パソコンを調査・復元すると，秘密情報が記載されたデータファイルを添付して第三者に送信したメール，後々私用パソコンにダウンロードするためオンライン上にデータファイルをアップロードした記録など，有用な情報が見つかることが多い。

　デジタルフォレンジック技術は特殊な技術であるため，専門業者に依頼する際には，相応の費用を要することになるが，退職者本人に不正を認めさせるにあたっても，裁判で立証していくにあ

　たっても，証拠がない以上，その先に進むことは困難となる。持ち出された秘密情報の企業価値や情報量などにもよるが，ある程度の費用をかけてもデジタルフォレンジック技術を用いた調査を行う意義は大きいと考える。

⑶　調査結果の保全・証拠化

　調査により事実関係が判明したら，その調査結果を保全し，証拠化しておく必要がある。退職者が秘密情報の持出し・漏えい・不正使用の事実を否認したり，使用の差止めや損害賠償等の請求に応じなかったりする場合には，最終的に裁判などの法的手続が必要となり，会社側で秘密情報の持出し行為について立証していかなければならないためである。また，退職者本人へのヒアリングにおいて事実関係を認めさせ迅速な解決を図るためにも，提示し得る客観的な証拠は重要である。

　なお，具体的な証拠化の例としては【図表2−5】のとおりであるが，証拠となり得る情報の内容によっても望ましい証拠化の方法は異なる。最終的な裁判での活用を見据えて弁護士に相談しておくことが望ましい。

【図表2−5】具体的な証拠化の例

証拠となり得る情報の種類	証拠化の例
パソコン使用・通信履歴，メール送受信履歴	消失しないように保存 （プリントアウトした上で書類としても保存しておくことが望ましい）
SNSやホームページなどのインターネット上の情報	内容が削除・変更されることがあるため，日時の記録とともに，パソコン画面を保存するかプリントアウトして保存
関係者・本人の供述	・供述者の署名・押印のある陳述書の作成 ・聴取り内容をまとめた報告書の作成 ・供述そのものの録音記録など

⑷　債務不履行や不法行為に該当するかどうかの検討および判断

　調査の結果，退職者により会社の秘密情報が不正に持ち出されていたことが判明した場合には，会社は退職者に対して，持ち出された情報の返却を求めることが考えられる。また，情報の持出し自体が違法であるかにかかわらず，退職後に自己や転職先のためにその情報を用いている場合には，情報の使用禁止を求めることも考えられる。さらに，これらの行為によって会社に損害が生じた場合には，退職者に対してその損害の賠償を請求し得る。

　しかし，このような請求が可能となるのは，原則としてあくまでも持出しや使用行為が会社との秘密保持義務合意違反となる場合，すなわち民法上の債務不履行となる場合や，対象となる情報が不正競争防止法違反に該当する場合である。そこで，事実関係がある程度確定した時点で，法的に債務不履行や不正競争防止法違反に該当し得るか否かを検討する必要がある。

　債務不履行に該当し得るかの判断については，前述の第2を，不正競争防止法違反に該当するかは後述4を参照されたい。

2　内容証明郵便による警告書の送付

　退職者の秘密情報の持出しや使用について，調査した事実関係をもとに検討した結果，返却や使用の差止め，損害賠償等の法的要求が可能であると考えられる場合，損害拡大を防ぐためにも，早急に退職者に対して警告書を送付する。なお，警告書は，後々，送付した事実を裁判で立証できるようにするため，内容証明郵便で送付する。

　警告書では，会社が調査した結果判明した事実関係をもとに，退職者に対して秘密情報の返還や一切の使用の中止を求める。また，今後使用した場合には請求する損害賠償額がより高額になる可能性があることや訴訟等の法的手段を講じることなどを記載する。このような警告書は法的に新たな効果をもたらすものではないものの，退職者に精神的なプレッシャーを与え，事実上，新たな使用を差し止める効果が期待できる。

　もっとも，すでにその情報の使用価値が減退するなどして被害の拡大を防止

する緊急性に乏しい場合で，後述する不正競争防止法違反に基づく刑事事件の立件に主眼を置いているようなケースでは，先に警告書を送ることで，退職者が持ち出した情報のデータを削除してしまう可能性があるため，退職者にはあえて警告書を送付せず，秘かに刑事告訴を行い，警察による捜査の実効性に期待する方法もあろう。

3　裁判手続による民事上の差止請求と損害賠償請求

⑴　訴訟による差止請求や損害賠償請求

　警告書の送付によっても，退職者が会社の請求に応じない場合，会社としては裁判手続を利用して退職者に対しこれを求めていくほかない。

　退職者が秘密保持義務に違反して秘密情報を持ち出したり不正に使用したりした場合，会社は退職者に対し裁判を提起し，情報の返還や使用の差止め，また，会社に損害が生じた場合にはその損害の賠償を請求していくことができる。

　もっとも，本類型の裁判は，一般的な民事訴訟よりも立証に困難性が伴う。秘密情報の持出しや不正使用は，退職者によって秘密裏に行われていることが多く，直接的な証拠がない場合が少なくないためである。このような場合，間接的な事実を積み重ねることにより秘密情報が持ち出されたことを立証していくことになる。

　裁判例では，例えば，会社にしか住所・電話番号を教えていない顧客のもとに退職者がセールスの電話をしたとの事実をもって顧客情報の持出しを認定した事例（東京地判H11.7.23），部品の形状・寸法・取付位置について技術上の必要性がなく設計者が自由に決めることができる部分についても多くの箇所での一致が見られることから技術情報の持出しを認定した事例（大阪地判H15.2.27）がある。

　他方で，全顧問先579名中の10名に退職者からの会社案内が送付されたケースで，この程度の一致であれば偶然の可能性は否定できないとして，顧客名簿の使用を認定しなかった事例もある（大阪地判H11.9.14）。

　さらに，損害賠償請求に関しては，因果関係や損害額の立証が難しいという

特徴もある。顧客情報が持ち出されたことが発覚し，同時期に会社の新規顧客が減少したり既存顧客からの契約解除が増加したとしても，持ち出された情報が使用されたことにより会社の顧客が減少したという因果関係を立証することができなければ，損害賠償請求は認められない。さらに，情報の持出しが発覚した場合には，持出しの範囲や態様を確認するための調査費用（パソコンログの取得費用，削除されたメールの復元費用）や，個人情報を含む場合には顧客への対応費用，適切な対応のための弁護士費用など様々な費用や労力が生じるが，全額が当然に損害として認められるわけではない。特に，弁護士費用と事態収束のための対応費用については，直接的な損害とはいえないため，全額の損害賠償が認められることはほとんどないといってよい。そこで，秘密保持義務を定める誓約書等を作成する場合には，義務違反があった場合には一切の弁護士費用，対応費用などを損害として賠償できる旨の規定を置いておくことが望ましい。

　なお，契約は当事者間でしか拘束力を生じないため，不正競争防止法などの特別な法律による定めの適用がない限り，退職者から情報の開示を受けた第三者など当事者以外の者については，原則として差止請求や損害賠償請求は困難である。よって，会社の重要な秘密情報については，後述のとおり，不正競争防止法上の「営業秘密」として保護されるよう日頃から管理方法に留意しておく必要がある。

(2)　仮処分による迅速な手続

　統計上，訴訟について申立てから判決までに要する期間は平均して9.1か月とされている[4]。訴訟を提起しても，判決が出るまでに秘密情報が次々と利用され，会社の損害が増大してしまうようでは意味がない。

　このような場合，緊急かつ暫定的な裁判所の判断を求める手続として，仮処

4　最高裁判所「裁判の迅速化に係る検証に関する報告書（第8回）」より。なお，第一審の平均審理期間。

分申立てという方法がある。仮処分の申立ては，訴訟の終結を待っていたのでは自己の権利を保全することができないような緊急性がある場合に認められるものであり，請求の理由と保全の必要性を疎明すること（民事訴訟法上，裁判官に確信とまではいかないが一応確からしいという推測を得させる程度の証明を行うこと）で認められる。

　具体的な手続としては，申立て後に相手方も裁判所に呼び出され，双方審尋という手続により，申立人と相手方双方が主張を行い，その主張と証拠に基づいて裁判所がこれを認めるかを判断する。なお，あくまでも訴訟前の暫定的な手続であることから，この手続により相手方に損害を与えた場合の賠償金に充てるため，裁判所が定める担保金の供託が必要となることが多い。

　仮処分申立手続の流れなど手続の詳細については，退職後の競業避止義務違反の場合と同様であるため，第1章第5・2を参照されたい。

4　不正競争防止法に基づき採り得る手段

⑴　はじめに

　在職時，退職後を問わず，従業員が社内から持ち出した情報が不正競争防止法上の「営業秘密」に該当する場合には，その持出し行為自体や漏えい，使用等の行為が同法上の不正競争行為（同法2条1項4号～10号）および営業秘密侵害罪（同法21条等）に該当する可能性がある。不正競争行為に該当する場合，会社との間で退職後の秘密保持義務合意がなくとも民事上の責任を負うこととなり，さらに営業秘密侵害罪に該当する場合には刑事上の責任追及も可能となる。そこで，情報の不正取得や漏えい，不正使用が発覚した場合には，まずは当該情報が不正競争防止法上の「営業秘密」に該当するか否かを検討することが重要である。

　なお，秘密情報の持出し・漏えいに関しては，営業秘密侵害罪のみならず，不正アクセス行為の禁止等に関する法律違反の罪（11条等），電子計算機使用詐欺罪（刑法246条の2），背任罪（同法247条）等に該当する可能性もある。

【図表２－６】退職者による秘密情報の漏えいへの対抗手段

	秘密保護の主な内容	保護されるための要件	採り得る措置
秘密保持義務合意	就業規則・誓約書等で定めた秘密情報の持出し，漏えい・目的外使用の禁止	合意の存在＋制約に一定の合理性があること（比較的緩やかに判断）	・返還請求 ・漏えい・使用の差止請求 ・損害賠償請求 ・懲戒処分，退職金の減額・没収等（ただし，合意や規定が必要）
不正競争防止法	不正競争防止法２条に定める行為の禁止	不正競争防止法上の「営業秘密」への該当性＋不正の目的，手段による漏えい・使用	・漏えい・使用の差止請求 ・損害賠償請求 ・信用回復措置請求 ・刑事罰

(2)　不正競争防止法とは

　不正競争防止法とは，事業者間の公正な競争等を確保するため，不正競争の防止および不正競争に係る損害賠償に関する措置等を講じ，これをもって国民経済の健全な発展に寄与することを目的として制定された法律である（同法１条）。

　同法では，「不正競争」に該当する行為を列挙しており，この行為に該当すれば差止請求や損害賠償請求が可能となるところ，不正競争行為の１つとして挙げられているのが営業秘密の侵害行為である（同法２条１項４号～10号）。

(3)　「営業秘密」の要件

　不正競争防止法の適用にあたっては，まず，持ち出された情報が「営業秘密」に該当するかを検討する必要がある。

　同法上，営業秘密として認められるためには，①秘密管理性，②有用性，③非公知性の３要件が定められており，すべてを充足することが必要である（同法２条６項）。

【図表２－７】営業秘密の３要件

①秘密管理性	秘密として管理されていること
②有用性	生産方法，販売方法その他の事業活動に有用な技術上または営業上の情報であること
③非公知性	公然と知られていないこと

① 秘密として管理されていること（秘密管理性）

（ⅰ）秘密管理性とは

　第一の要件として，その情報が客観的に秘密として管理されていることが必要である。この趣旨は，会社が秘密として管理しようとする情報の範囲が従業員に対して明確化されることによって，従業員の予見可能性や経済活動の安定性を確保することにある。よって，従業員の立場からみて，その情報が会社にとって秘密としたい情報であることが示されていることが必要であり，単に会社にとって秘匿性が高いというだけでは足りない。会社の秘密管理意思が管理方法によって従業員に対して明確に示されていること，かつ，この秘密管理意思について従業員が客観的に認識できる状態が確保されていることの両者を満たさなければならないのである。

　具体的には，パソコン内のデータへのアクセス制限，書類へのマル秘表示，書類棚の施錠管理，社内での研修・連絡書などによる秘密情報の特定といった秘密管理措置がなされていることが必要になる。なお，要求される情報管理の程度や態様は，秘密として管理される情報の性質，保有形態，企業の規模等に応じた合理的手段でよいとされており，事案ごとに判断される。

　営業秘密該当性が問題となる３要件のうち，最も問題となることが多いのが本要件である。その性質から従業員も当然に機密性の高い情報であるとわかっていたであろうという情報であっても，具体的に秘密情報としての管理がなされていない以上，「営業秘密」としての法的な保護を受けることは困難である。いざというときに秘密管理性が認められるかという視点で，日頃から社内情報の管理体制を見直しておく必要がある。

　なお，経済産業省の策定する「営業秘密管理指針」[5]では，企業情報が営業秘密として認められるための要件，特に秘密管理性が認められるための情報管理措置の具体例について詳細に記載されている。経済産業省のウェブサイトから閲覧が可能であり，大変参考になるため，ぜひご参照いただきたい。

（ii）　秘密管理性に関する裁判例

　前述のとおり，秘密管理性該当性は，秘密として管理される情報の性質，保有形態，企業の規模等によって個別的に判断されるため，裁判上も争いとなることが多い。秘密管理性が肯定された裁判例および否定された裁判例は，【図表2－8】【図表2－9】のとおりである。

【図表2－8】秘密管理性が肯定された裁判例

番号	裁判例	判旨
1	大阪地判H15.2.27	パスワードの設定等によるアクセス制限，秘密表示等はなかったものの，設計担当の従業員のみが設計業務に必要な範囲内でのみデータへアクセスしていたこと，バックアップを取ったDATテープは施錠管理されていたことなどから，全従業員10名全員に認識されていたものと推認されること，性質上，情報への日常的なアクセスを制限できないことを考慮し，秘密管理性を肯定。
2	知財高判H24.7.4	顧客情報について，顧客ファイル等は入室が制限された施錠付きの部屋に保管されていること，顧客情報の写しが上司等に配布されたり，自宅に持ち帰られたり，手帳等で管理されて成約後も破棄されなかったりしていたとしても，これらは，顧客からの問い合わせに迅速に対応したり買増し営業が見込める顧客を絞り込んだりするという営業上の必要性に基づくものであることなどを理由に秘密管理性を肯定。

5　平成15年1月30日策定（最終改訂：平成31年1月23日）。

| 3 | 知財高判H23.9.27 | PC樹脂の製造技術に関する情報について，世界的に希有な情報であって，製造に関係する従業員は当該製造技術が秘密であると認識していたといえるとして秘密管理性を肯定。 |
| 4 | 名古屋地判H20.3.13 | プライスリストについて，従業員の中で限られた調達部，営業部及び機械設計部の者しかアクセスできず，アクセスする際にはパスワード入力が必要であったこと，プライスリストは機械製造メーカーにとって一般的に重要であることが明らかな仕入原価等の情報が記載されていることから，プライスリストを印刷したものに「社外秘」等の押印をする取決めはなかったとしても，プライスリストの外部への提示や持出しが許されていたという事情は認められないとして秘密管理性を肯定。 |

【図表2－9】秘密管理性が否定された裁判例

番号	裁判例	判旨
5	最高裁H21.12.18 （東京高判H20.11.11， 横浜地判H20.3.27）	美容院の店舗に保管されていた顧客カードにつき，カウンターの下の三段ボックスや顧客の荷物置場に保管されていたにすぎないこと，秘密とする旨の格別の表記等もされていないこと，パソコンに入力されていた顧客情報についてもパスワードの設定がされていなかったことなどから，秘密管理性を否定。
6	東京地判H16.4.13	データが従業員全員が閲覧可能な会社所有のパソコンに保存され，パスワードの設定もアクセス制限措置もないこと，本件データをプリントアウトした文書を全従業員に配布していること，本件情報がつづられたファイルの背表紙には赤文字で「社外秘」と記載されているが，当該ファイルが保管されている書棚には扉がなく従業員が自由に閲覧できるものであったことなどを考慮し，秘密管理性を否定。
7	名古屋地判 H11.11.17	製品の販売先，販売金額の情報について，従業員としての守秘義務があることを前提に開示されたものであり，情報の性格や従業員の仕事上の経験からして対外的に公表してはならないことを十分に承知し

		ていた情報であったとしながらも，これだけでは法の保護を求めるための要件としては不十分であるとして，秘密管理性を否定。
8	東京地裁H20.7.30	名簿販売業者から購入した顧客名簿について，新しく入ってきた顧客名簿をその都度事務所でコピーして従業員に渡していたこと，会員となった顧客に関する会員名簿は，金庫等に保管されているわけではなく，その気になれば持っていける状況にあったとの従業員の陳述書を重視し，秘密管理性を否定。

コラム🔍 普段から秘密管理性を意識した情報管理を！

　当事務所に寄せられる退職者とのトラブルに関する相談の中で，「退職した従業員が自社の企業秘密である情報を勝手に使用している。何とかできないのか」との相談は少なくない。

　しかし，社長によくよく話を聞いてみると，「この情報が他社に知られると大変だ」という社長の強い思いはあるとしても，客観的にそれが秘密情報として管理されていたかといえば必ずしもそうではないケースが多い。このような場合には，弁護士としてもやむなく「お気持ちはわかりますが不正競争防止法上の立件は難しいと思われます」と回答せざるを得ない。これに対し「この情報が秘密情報であることは社内みんながわかっている。社内では当然の常識だ」とおっしゃられることもあるが，従業員の内心を立証することは困難である。結局のところ，その当然の常識としての扱いが客観的措置として表現されていない限り，営業秘密であることの立証は難しい。

　他方で，相談を受けた当初は営業秘密としての認定のハードルが高いと思われたものの，会社側からの捜査機関への積極的かつ適切な資料提供や被害相談により，結果として会社から持ち出された情報が営業秘密として認められ，営業秘密侵害罪に当たるとして退職者の逮捕，起訴，有罪判決まで追い込むことができた事案もある。この事案は，旅行会社における数千件の顧客情報が退職者によって持ち出されていたというものであり，顧客情報はパソコン上で管理されていたものの，顧客からの問い合わせに全従業員が直ちに対応できるようにするため，アクセス権限は制限されておらず，従業員が広く閲覧できる状態であった。したがって，秘密管理性は容易に認められないであろうと思われたものの，上記のとおりアクセス制限を付すことができない個別具体的な事情があることや，社内で顧客情報は秘密情報として取り扱わねばならないとの研修を行っていたことが重視され，秘密管理性が認められた。なお，この事案は民事上でも，合意に基づく競業避止義

務違反，顧客情報の返還義務が認定された。

　このように，秘密管理性の認定は個別具体的な事情によるところが大きく，専門家でなければ判断が難しいため，安易に自社のみで判断することなく弁護士へ相談することが望ましい。

② 　生産方法，販売方法，その他の事業活動に有用な技術上または営業上の情報であること（有用性）

　第二の要件として，その技術情報や営業情報が事業活動において有用な情報である必要がある。事業活動において有用であるか否かは，情報の保有者の主観ではなく，客観的に判断される。

　これは，脱税情報など公序良俗に反する情報を法律上の保護の範囲から除外することに主眼を置いた要件であるとされており，そのような情報でなければ広く有用性が認められる傾向にある。失敗した実験データなど現実に利用されていない情報についても有用性が認められ得る。

③ 　公然と知られていないこと（非公知性）

　第三の要件として，その情報が公然と知られていない，すなわち，一般的に知られていない状態，または容易に知ることができない状態であることが必要である。

　例えば，一般に入手可能な刊行物に記載されていたり，インターネット上で公開されている情報は，基本的に営業秘密としては認められない。もっとも，多くの第三者に知られている情報であっても，それらの第三者に秘密保持義務が課せられている場合には非公知性が認められる。

【図表2-10】非公知性が肯定・否定された裁判例

番号	裁判例	判旨
1	大阪地判H15.2.27	当該技術情報に近い情報を得るためには，専門家により，多額の費用をかけ，長時間にわたって分析することが必要であると推認されることを理由に，非公知性を肯定。
2	大阪地判H28.7.21	一般的に利用可能で，費用も過大ではない成分分析を用いて，市場で流通している原告製品に用いられている合金の種類や配合比率を調べることが容易であることを理由に，非公知性を否定。
3	東京地判H12.7.12	全国の商店街名，代表者および所在地に関する情報につき，「全国商店街名鑑」という公刊書籍に記載されていることなどから非公知性を否定。

(4) 民事的措置

① 「営業秘密侵害行為」とは

　不正競争防止法2条1項4号～10号では，窃取，詐欺，強迫等の不正の手段によって営業秘密を取得し，自ら使用しもしくは第三者に開示する行為（以下「営業秘密侵害行為」という）を不正競争行為と規定し，このような行為に対し採り得る民事上の措置を規定している。なお，不正の手段とは，その権限を有しない従業員が営業秘密を無断で複写したり，USBメモリなどに複製して持ち出すなどの手段も含まれる。また，営業秘密侵害行為には，不正の手段によって営業秘密を取得する行為のみならず，自ら不正取得したものではないものの，不正取得されたものであることを知ってこれを取得・使用する類型も含まれている。

　具体的には，【図表2-11】のとおりである。

【図表2－11】営業秘密侵害行為の類型

＜不正取得の類型＞

①営業秘密を不正に取得する行為，不正取得後に営業秘密を使用・開示する行為（4号）

②不正に取得された営業秘密を悪意・重過失によって取得し，または取得した営業秘密を使用・開示する行為（5号）

③不正に取得された営業秘密を取得後に，不正に取得されたことにつき悪意・重過失で使用・開示する行為（6号）

＜正当取得・不当使用等の類型＞

④保有者から示された営業秘密を，不正の利益を得る目的または情報保有者に損害を加える目的（以下「図利加害目的」という）で使用・開示する行為（7号）

⑤図利加害目的で開示された営業秘密を悪意・重過失で取得し，または取得した営業秘密を使用・開示する行為（8号）

⑥営業秘密を取得後に，図利加害目的で開示されたものであることについて悪意または重過失で使用・開示する行為（9号）

＜技術上の秘密に関する特別類型＞

⑦技術上の営業秘密の不正使用により生じたもの（営業秘密侵害品）の製造者がこれを譲渡等する行為，営業秘密侵害品を譲り受けた者が悪意・重過失でこれを譲渡等する行為（10号）

---

②　採り得る措置

　退職者が営業秘密侵害行為を行ったことにより，営業上の利益を害され，また，害されるおそれがある場合には，会社は退職者に対して，その行為の差止めを求めることができる（不正競争防止法3条1項）。

　また，会社は自らが被った損害について退職者に対し，損害賠償を求めることができる（不正競争防止法4条）。もっとも，通常，損害賠償請求においては，侵害行為から損害が生じたという因果関係や損害額の立証に困難が伴うことが少なくない。

　この点，不正競争防止法では立証責任の緩和のための損害額の推定規定が置

かれている。具体的には，被侵害者は侵害行為により侵害者が得た利益の額を立証すれば，その利益の額が損害額と推定され，推定を覆す特段の事情や加害者側の反証がない限り，その利益額の賠償を受けることができる（不正競争防止法5条2項）。また，被侵害者は，侵害者に対する損害賠償として，侵害された営業秘密の使用に対して受けるべき金額の相当額（すなわち，ライセンス料相当額）を請求することもできる（同法5条3項）。

　生産技術等の技術上の秘密については，被侵害者が，(i)営業秘密が侵害者によって不正に取得されたこと（例えば，営業秘密である製品の生産方法が不正に取得されたこと），(ii)侵害者がその営業秘密を使用したことが明らかな行為として政令で定める行為（例えば，その生産方法を使用して生産できる製品を，侵害者が生産していること）を立証すれば，「その営業秘密を使用したか否か」という事実（侵害者がまさにその生産方法を使って製品を生産したこと）についてまでは被侵害者側が立証する必要がなくなり，立証責任が相手方に転換される（同法5条の2）。すなわち，被侵害者側としては，侵害者が営業秘密を不正に取得したことと，侵害者がその営業秘密を使用したと思われる行為を行っていることさえ立証すればよく，これに対し侵害者が「違法に取得した技術を使っていないこと」を立証できない以上，営業秘密の使用が推定され，損害賠償請求が認められることとなったのである。

　加えて，損害額を立証することが極めて困難であるときは，裁判所が口頭弁論の全趣旨および証拠調べの結果に基づき，相当な額を認定することができるとして，具体的な損害の立証が困難な場合にも一定の損害額を認め得る規定が定められている（不正競争防止法9条）。

　このように，持ち出された情報が不正競争防止法上の「営業秘密」に当たると判断されれば，民事上もより手厚い保護を受けられることになる。

(5)　刑事的措置
①　営業秘密侵害罪の9類型
　不正競争防止法では，9類型の行為を営業秘密侵害罪と定め，刑事罰の対象

としている（同法21条1項）。これらの行為は一部[6]を除き，未遂も処罰される（同法21条4項）。

　概要としては，窃取などの不正の手段によって営業秘密を取得し，自ら使用もしくは第三者に開示したり，そのような行為によって開示を受けた者がさらに使用・開示する行為であり，具体的には以下(i)～(ⅷ)のとおりである。

（i）　図利加害目的[7]で，詐欺等行為または管理侵害行為によって営業秘密を
　　　不正取得する行為（同法21条1項1号）

　管理侵害行為とは，窃取や不正アクセス行為などをいう。例えば，退職者が退職後に転職した競合会社にて使用する目的で，会社のサーバーに不正アクセスし，会社の顧客情報が記載されたファイルを盗む行為などが対象となる。

【図表2-12】営業秘密侵害罪の類型①

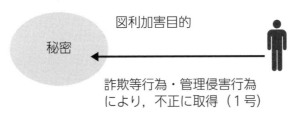

6　不正競争防止法21条1項3号に当たる行為（従業員など営業秘密を正当に示された者がその営業秘密を不正に横領・複製等する行為）については，未遂の処罰がない。このような行為については未遂の段階と評価できる範囲が狭いことや，未遂処罰の導入により従業員の日常的な業務活動に萎縮効果が生じるおそれがあるといった事情を総合的に考慮したものである。
7　「図利加害目的」とは，不正の利益を得る目的，または，その保有者に損害を与える目的をいう。

(ⅱ)　詐欺等行為・管理侵害行為により不正に取得した営業秘密を，図利加害
　　目的で，使用・開示する行為（同2号）

　例えば，退職者が在職時に不正アクセス行為により会社から持ち出した顧客
情報を，同業他社に持ち込み，売却する行為などが対象となる。

【図表2－13】営業秘密侵害罪の類型②

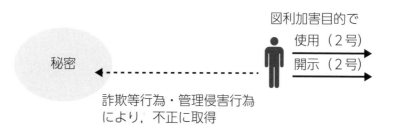

(ⅲ)　営業秘密を保有者から示された者が，図利加害目的で，その営業秘密の
　　管理に係る任務に背いて，媒体等を横領し，その複製を作成し，または消
　　去すべきものを消去せず，かつ，その記載または記録を消去したように仮
　　装する行為のいずれかにより営業秘密を領得する行為（同3号），及びこ
　　れらの方法により領得した営業秘密を使用・開示する行為（同4号）

　例えば，ある商品の生産技術情報が保存されたUSBメモリを預かっていた従
業員が，競合他社に販売する目的でその複製を作成して保管する行為（同3号）
や，これを競合他社に譲渡する行為（同4号）がこれに当たる。

【図表2－14】営業秘密侵害罪の類型③

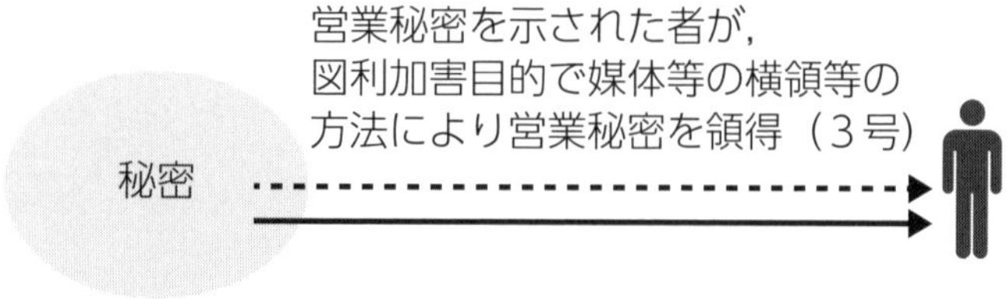

【図表2－15】営業秘密侵害罪の類型④

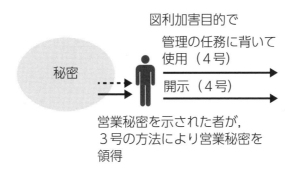

(iv)　営業秘密を保有者から示された役員・従業員が，図利加害目的で，その
　　営業秘密の管理に係る任務に背き，その営業秘密を使用または開示する行
　　為（同5号）

　例えば，営業秘密が保存されたUSBメモリを預かっている従業員が，在職中
に金銭を得るため，競合他社にその情報を売却する目的がこれに当たる。なお，
4号と異なり，対象となる行為者は在職中の者に限定されている。

【図表2－16】営業秘密侵害罪の類型⑤

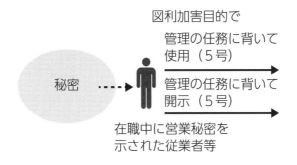

(v)　営業秘密を保有者から示された元役員・元従業員が，図利加害目的で，在職中に，営業秘密の管理に係る任務に背いて営業秘密の開示の申込みをし，またはその営業秘密の使用・開示について請託を受けて，営業秘密をその職を退いた後に使用・開示する行為（同6号）

　例えば，会社の顧客情報リストを管理する役員が，対価を得る目的で，在職中に転職予定の競合会社に顧客情報リストの譲渡を持ちかけ，実際に転職後にこれを売却する行為がこれに当たる。なお，4号に該当する場合には優先的に4号が適用され，6号の対象にはならない。

【図表2−17】営業秘密侵害罪の類型⑥

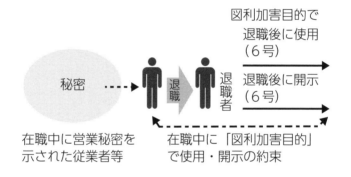

(vi)　図利加害目的で，21条1項2号，4号〜6号，3項2号の罪に当たる開示によって営業秘密を取得し，その営業秘密を使用・開示する行為（同7号）

　例えば，転職先の競合会社に売却する目的で会社の営業秘密を取得した従業員からその情報を受け取った競合会社が，さらに第三者にその情報を転売する行為がこれに当たる。

【図表2－18】営業秘密侵害罪の類型⑦

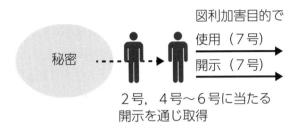

(vii)　図利加害目的で，21条1項2号，4号～7号までの罪または3項2号の
　　罪に当たる開示が介在したことを知って営業秘密を取得し，その営業秘密
　　を使用・開示する行為（同8号）

　例えば，会社が，不正取得された後に名簿業者により購入された顧客名簿で
あることを知りながら，名簿業者から，さらにこれを購入して使用する行為が
これに当たる。

【図表2－19】営業秘密侵害罪の類型⑧

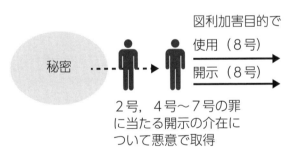

(ⅷ)　図利加害目的で，21条１項２号，４号〜８号，３項３号の罪に当たる行為のうち，営業秘密を使用する行為により生じたもの（営業秘密侵害品）であることを知って譲り受けた者が，その営業秘密侵害品を譲渡し，引き渡し，譲渡もしくは引渡しのために展示し，輸出し，輸入しまたは電気通信回線を通じて提供する行為（同９号）

　例えば，会社から窃取された技術情報を使用して製造された商品であることを知りながらこれを購入した者が，その商品をさらに転売する行為などがこれに当たる。

【図表２−20】営業秘密侵害罪の類型⑨

＊　　＊　　＊

　このほか，海外で営業秘密を使用したり，それを目的として営業秘密を取得・開示したりする行為については，特に重い刑罰が科されている（同法21条３項）。近年，国際的規模の企業間競争の激化，IT環境の発達や海外からの派遣労働者の増加等により，日本の技術情報などが海外に流出するケースが増えているが，このような事案は特別な類型としてより重い刑事罰の対象とされているのである。

②　刑事罰の内容

　営業秘密侵害罪に該当する行為については，10年以下の懲役または2000万円以下（21条３項の罪については3000万円以下）の罰金という罰則が定められている（同法21条）。

　さらに，法人の業務に関して営業秘密侵害罪が行われた場合，行為者のみな

らず，法人についても，5億円（21条3項の罪については10億円）以下の罰金が科されることがある（同法22条1項）。

③　刑事告訴の検討

　営業秘密侵害罪に該当する可能性がある場合，刑事責任の追及にあたり警察の協力は不可欠であるため，まずは管轄の警察署の担当課に相談に行くことが考えられる。

　その際には，事案を正確に説明できるよう事情をよく知る社内の担当者が同行する。また，可能であれば，営業秘密侵害罪に該当することを示せるように不正競争防止法上の各構成要件に該当することを説明した資料や告訴状の案などを持参すべきである。このような資料作成などの入念な準備を適格かつ迅速に行うためには，社内での証拠の洗出し作業とともに，弁護士に依頼して告訴状を作成するなどの連携が有効である。

　最終的に警察に告訴が受理された場合には，その後の警察・検察の捜査により起訴・不起訴が決定され，起訴された場合には刑事裁判に付されることとなる。なお，警察の捜査では私人では難しい転職先のパソコンのデータの差押え・押収など強制捜査が行われ，これにより決定的な証拠が見つかることもあるため，この証拠を民事裁判の証拠として使用することも考えられる。

　単なる警告書や訴訟提起などの民事的措置に対しては事実を否認していた退職者も，刑事告訴を受けた場合には犯罪になるような重大行為であったと認識し，真摯な反省のもとに持ち出された情報の返却に応じるなどして，紛争が早期に解決するケースも少なくない。

　退職者によって持ち出された情報が営業秘密に該当する場合，不正競争防止法違反による告訴という手段を踏まえて，会社の利益を守っていく方策を検討すべきである。

5　その他

⑴　秘密保持義務違反に基づく退職金減額・不支給や返還請求，違約金請求

①　退職金の減額または不支給

　秘密保持義務に違反した場合に退職金を減額または不支給にすることが可能であるかについても，原則として，競業避止義務違反による退職金の減額または不支給と同様に考えられる。

　すなわち，就業規則等において秘密保持義務違反の場合の退職金減額または不支給条項を設けることで，それに基づく減額または不支給の措置が一応可能となるものの，このような条項があるからといって直ちに退職金の減額または不支給が認められるわけではない。退職金の減額または不支給の措置を採る際には，退職者の退職に至る経緯，退職の目的，持ち出された情報の性質や量，退職者の秘密保持義務違反行為によって会社が被った損害などの諸般の事情を踏まえて退職者の背信性の有無・程度を判断し，実行の有無を検討する必要がある。詳しくは，本章第2・4をご参照いただきたい。

【条項例2－5】退職金の減額・不支給について定めた例

> 第●条
> 　社員が，就業規則第■条に違反し，会社の秘密情報を第三者に漏えいし，また会社の業務以外のためにこれを使用した場合には，本規定第▲条により算出される退職金を支給せず，若しくは減額して支給するものとし，既に支給済みの場合には，これを返還させる。

②　違約金の請求

　秘密保持義務を定める誓約書等において，これに違反した場合に一定の違約金を課す旨の条項を定めている場合，この条項に基づいて違約金を請求するこ

とができるであろうか。

(ⅰ)　在職中の情報漏えい・不正使用に対する違約金請求

　労働基準法16条では，「使用者は，労働契約の不履行について違約金を定め，又は損害賠償額を予定する契約をしてはならない」と定められている。

　従業員は，在職中において，会社との労働契約に基づき，誠実に労務を提供する義務を負っており，会社に対する秘密保持義務もこの義務の一環として認められるものである。

　そこで，秘密保持義務に違反したからといって違約金を課すことは，まさに労働契約の不履行について違約金を定めていると判断され，労働基準法16条に違反する定めとして無効とされる可能性がある。

(ⅱ)　退職後の情報漏えい・不正使用に対する違約金請求

　退職後の従業員に対する違約金請求については，退職後の競業避止義務違反に基づく違約金請求と原則として同様に考えられ，就業規則や誓約書等で違約金条項を設けるかどうか，設ける場合の金額，また，実際に違約金を請求するかどうかの判断において慎重な検討が必要である。詳しくは第1章第3・2をご参照いただきたい。

(2)　個人情報保護法に基づく対応

　退職者による漏えい等が発生した情報に個人情報[8]が含まれる場合，会社としては，個人情報保護委員会「個人データの漏えい等の事案が発生した場合等の対応について」（平成29年個人情報保護委員会告示1号）に基づき，以下の対応を講じることが望ましいとされている。

8　「個人情報」とは，生存する個人に関する情報であって，当該情報に含まれる氏名，生年月日等特定の個人を識別することができるもの（他の情報と容易に照合することができ，それにより特定の個人を識別することができることとなるものを含む），または，個人識別符号が含まれるものをいう（個人情報保護法2条1項）。

① 対象となる事案

> (i) 個人情報取扱事業者が保有する個人データ[9]（特定個人情報[10]に係るものを除く）の漏えい，滅失または毀損
> (ii) 個人情報取扱事業者が保有する加工方法等情報（個人情報保護法施行規則（平成28年10月5日個人情報保護委員会規則3号）20条1号に規定する加工方法等情報をいい，特定個人情報に係るものを除く）の漏えい
> (iii) 上記(i)または(ii)のおそれ

② 漏えいが発覚した際に講じるべき具体的措置

　個人情報取扱事業者は，漏えい等事案が発覚した場合は，(i)事業者内部における報告および被害の拡大防止，(ii)事実関係の調査および原因の究明，(iii)影響範囲の特定，(iv)再発防止策の検討および実施，(v)影響を受ける可能性のある（個人情報対象者である）本人への連絡等，(vi)事実関係および再発防止策等の公表の各事項について，必要な措置を講じることが望ましい。

【図表2-21】個人データの漏えいが発覚した場合に望ましいとされる措置

(i) 事業者内部における報告および被害の拡大防止	責任ある立場の者に直ちに報告するとともに，漏えい等事案による被害が発覚時よりも拡大しないよう必要な措置を講ずる。
(ii) 事実関係の調査および原因の究明	漏えい等事案の事実関係の調査および原因の究明に必要な措置を講ずる。
(iii) 影響範囲の特定	(ii)で把握した事実関係による影響の範囲を特定する。
(iv) 再発防止策の検討および実施	(ii)の結果を踏まえ，漏えい等事案の再発防止策の検討および実施に必要な措置を速やかに講ずる。

9　個人情報をデータベース化したり，検索可能な状態にしたものを「個人情報データベース等」といい，「個人情報データベース等」を構成する情報を「個人データ」という（個人情報保護法2条4項・6項）。
10　個人番号を内容に含む個人情報。

| (v)　影響を受ける可能性のある本人への連絡等 | 漏えい等事案の内容等に応じて，二次被害の防止，類似事案の発生防止等の観点から，事実関係等について，速やかに本人へ連絡し，または本人が容易に知り得る状態に置く。 |
| (vi)　事実関係および再発防止策等の公表 | 漏えい等事案の内容等に応じて，二次被害の防止，類似事案の発生防止等の観点から，事実関係および再発防止策等について，速やかに公表する。 |

(出所)「個人データの漏えい等の事案が発生した場合等の対応について」(平成29年個人情報保護委員会告示1号)

　さらに，個人情報取扱事業者は，漏えい等事案が発覚した場合は，その事実関係および再発防止策等について，原則として，個人情報保護委員会に対し，速やかに報告するよう努めることが努力義務として定められている。ただし，漏えい等事案に係る個人データを第三者に閲覧されないうちにすべてを回収した場合など，実質的に個人データまたは加工方法等情報が外部に漏えいしていないと判断される場合や，FAXもしくはメールの誤送信，または荷物の誤配等のうち軽微な場合については，報告を要しない。

　令和2 (2020) 年6月に成立，公布された改正個人情報保護法では，個人情報の漏えい等に対する個人情報取扱事業者の義務も強化されている。具体的には，個人の権利利益を害するおそれが大きいとして個人情報保護委員会規則で定められた要件を満たす漏えい等の場合，個人情報保護委員会への報告および本人への通知を行わなければならなくなる（改正個人情報保護法22条の2）。これは，改正前の単なる告示上の努力義務ではなく法律上の義務であり，違反した場合には，個人情報保護委員会による是正勧告・命令等の対象となる。この改正個人情報保護法の施行日は，一部の規定を除き，公布後2年以内の政令で定める日とされている。

　このように，持ち出された情報に個人情報が含まれる場合には，個人情報保護の観点からの措置も講じる必要があることに留意されたい。

第5 設例への回答

　本章設例は，X社の営業部長であるY1とその部下であるY2，Y3の3名が同業他社を立ち上げ，X社の顧客名簿を利用して営業活動を行っているという事案である。YらはX社との間で，顧客名簿について，X社から持ち出してはならず，X社の業務以外の目的でこれを利用してはならないとの誓約書を交わしている。

　X社がYらに対して採り得る措置について，以下，民事上の請求と刑事上の請求に分けて検討する。

1　民事上の請求

　本章設例では，X社とYらとの間で，顧客情報について退職後の秘密保持義務を課す旨の誓約書等が存在するため，X社はYらに対して，顧客情報の返還，利用の停止を求めることが考えられる。さらにYらの顧客名簿の使用行為によりX社の顧客が奪われるなどX社に損害が生じている場合には，X社はYらに対し損害賠償請求を行うことができる。

　さらに，持ち出された顧客情報が不正競争防止法上の「営業秘密」に該当する場合には，Yらの顧客情報の不正な持出し行為は不正競争防止法2条1項4号の不正競争行為に該当する可能性がある。これにより，X社に損害が生じている場合には，X社はYらに対し，損害賠償を請求することができ，この損害の額の立証においても，不正競争防止法5条に基づき損害額の推定規定が適用されるため，より立証が容易となる。また，X社はYらに対し，Yらが持ち出した顧客情報を用いた営業活動の差止め，持ち出した顧客データの廃棄等を請求できる（同法3条1項・2項）。

　加えて，X社とYらとの誓約書等において，秘密保持義務に違反した場合の違約金の定めがある場合（そしてその金額が合理的な範囲にとどまっている場合）には，X社は損害額の立証をすることなく違約金額を請求することができ

る。X社の就業規則や退職金規程において，秘密保持義務に違反した場合に退職金を減額または不支給にする旨の規定がある場合には，当該規定に従い退職金の減額または不支給の措置を採ることも考えられる。

2　刑事上の請求

　本章設例における顧客情報が不正競争防止法上の「営業秘密」に該当する場合には，営業秘密侵害罪（同法21条1項1号・2号）に該当する可能性がある。この場合，被害届の提出や刑事告訴を行うことが考えられる。

3　X社における懲戒処分

　Yらはすでに退職しているが，仮にYらが退職する前にYらの顧客名簿の持出し行為が発覚していた場合，Yらの行為が就業規則等上の懲戒事由に該当するときには，X社は，Yらに対し，懲戒処分を行うことが考えられる。

第 **3** 章

従業員の引抜き，
顧客奪取による
リスク

設　例

　X社はPC周辺機器，PC関連のソフトウェアを開発，製造する会社で，従業員50名程度，年間の売上が20億円程度の会社である。X社において営業を担当していた勤続20年の営業部のY部長が，X社を退社してX社と同業の会社を立ち上げ，部下を含めX社の従業員5名を引き抜いていってしまった。また，引き抜いた従業員らはX社在職中に担当していたX社取引先に営業をかけている。

　おかげでX社は取引先を奪われてしまい，このままでいくと今期の売上は15億円程度まで減少し，利益も前期1億円から6000万円程度まで減少してしまいそうである。X社としてはY部長に裏切られた気持ちでいっぱいであり，Y部長やY部長の経営する会社に対して減少した売上について損害賠償請求をしたいと思っているが可能か。また，Y部長に対して支払った退職金の返還を求めることは可能か。

　さらに，今後同じようなことが起きないようにするためにどのような予防策を採るべきか。

説　明

　本章では，①退職した従業員による他の従業員の引抜き，②退職した従業員による顧客奪取に関する法律問題を解説していく。

　従業員の引抜きや顧客奪取は場合によっては不法行為となり損害賠償請求が可能であるが，裁判例を見ていくと不法行為が成立するのはかなり限定的な事例であり，司法による事後的な救済はハードルが高いことがわかる。

　そこで，会社としては，引抜き行為が行われた後に損害賠償請求が可能かを検討するだけではなく，引抜きや顧客奪取が生じないように事前の予防策を採っておくことが非常に重要となってくる。

　具体的にどのような引抜きや顧客奪取が違法となるのか，また引抜きや顧客奪取が発生しないような事前の予防策としてどのようなことをしておく必要があるのかを本章で学んでいただきたい。

　なお，上記事案では，これらとは別に競業避止義務違反や情報の不正使用についても問題となり得るが，競業避止義務については第1章で，情報の不正使用については第2章で解説したので，本章では特に触れないこととする。

第1 ┃ 従業員の引抜き

1　従業員の引抜きによるリスクとは

　従業員による他の従業員の引抜きが発生すると，会社には以下のような問題が生じ，場合によっては会社経営にとって著しい不利益が発生することになる。

- 新たな従業員の採用コスト，従業員育成に関する種々の負担が生じる。
- 会社の売上が減少する。（特に営業部の従業員が引き抜かれた場合）
- 既存従業員のモチベーションが低下し，会社の生産性の低下，人材の流出につながる。
- 引き抜かれた従業員の転職先が競業他社となる場合，競争激化，顧客流出等が生じる。
- 退職した従業員による風評被害が生じ，またトラブルのあった会社と見られ既存顧客からの信用が失われる。

　売上や利益の減少以外にも，上記のような様々な側面で会社に不利益が生じることとなり，これをリカバーするのは非常に大変なことである。

　このように従業員の引抜きが発生すると会社経営にとって大きなマイナスインパクトになるため，会社経営者には，従業員の引抜きが発生した場合に会社はどのような法的手段が講じられるのか，また従業員の引抜きが発生しないようにするためにどのような予防策を採るべきなのかをぜひ知っておいていただきたい。

2　裁判例における不法行為成立の分岐点

　会社の従業員や役員が他の従業員を引き抜く行為は，一定の限度を超えると会社に対する不法行為に該当するが，一般論として，引抜き行為を行った従業員や役員が在職中であるか，退職後であるかによって，不法行為の成否に関する判断基準も異なってくる。具体的には在職中の従業員や役員による引抜き行為のほうが不法行為に該当しやすく，退職後の従業員や役員による引抜き行為については不法行為に該当しにくいと解釈されている。

　在職中と退職後で場合分けをして，以下説明していきたい。

⑴　在職中の従業員，役員による引抜き行為

①　従業員の誠実義務，役員の忠実義務

　在職中の従業員は，会社との間の雇用契約に基づき，会社に対して誠実義務を負っている。誠実義務とは，会社の正当な利益を不当に侵害しないよう配慮する義務であり，在職中に他の従業員に対する引抜きを行うと，この誠実義務違反による債務不履行責任を負い，または不法行為責任を負うことがある。

　また，在職中の役員については，役員という立場上，会社に対して忠実義務を負っており，上記同様に，在職中に従業員に対する引抜きを行うと，この忠実義務違反による債務不履行責任を負い，または不法行為責任を負うことがある。

　もっとも，引抜き行為すべてがこれらの義務に違反し違法となるわけではなく，引抜き方法が信義に反するなどの社会的相当性を逸脱する場合に，誠実義務や忠実義務に違反することになる。

②　裁判例

　それでは，具体的にどのような引抜きが誠実義務や忠実義務に違反し違法とされ，損害賠償請求の対象となるのか。この点，特に法律が違法となる引抜き行為を規定しているわけではなく，裁判所は個々の具体的な事例ごとに違法か

否かを判断しているため，以下では著名な裁判例を紹介し，最後にどのような
指標に基づき違法性が判断されているのかを検討・整理したい（【図表3－1】
【図表3－2】参照）。

【図表3－1】引抜き行為の違法性が認められた裁判例

番号	裁判例	判旨
1	東京地判H3.2.25（ラクソン事件）	英語教材の販売を目的とする会社の幹部役員兼従業員であった者が，部下のセールスマンを，その競争相手である会社に引き抜いた行為は社会的相当性を逸脱した違法な引抜き行為であるとして，不法行為責任を認めた。
2	東京地判H18.12.12	LPガスの供給事業を営む会社の代表取締役が，自身が設立した競業会社のために会社従業員を引き抜いた行為が取締役の忠実義務に違反すると認定した。

【図表3－2】引抜き行為の違法性が認められなかった裁判例

番号	裁判例	判旨
3	大阪地判H21.3.30（ピアス事件）	美容事業を行う会社の従業員が在職中に競業会社を設立し，従業員の引抜きを行ったものの，積極的な勧誘およびこれによる退職とまでは認められないとして引抜き行為の違法性を否定した。
4	東京地判H26.3.5（U社ほか事件）	派遣会社の従業員が別の派遣会社に移籍する際に行われた引抜き行為について，従業員が自らの判断でよりよい労働条件を求めて移籍したものとして不法行為の成立を否定した。

（i）　東京地判H3.2.25（ラクソン事件）

ア　事件の概要

　原告は，英会話教室を経営する会社（X社）であったが，原告の取締役兼本
部長であった被告は原告の経営に不満を抱き，他方で原告の競業他社（Z社）
から移籍を持ちかけられ，これに応じた上で，被告と競業他社は被告の配下の

部下らを競業他社に引き抜くことを計画し，これを実行したという事案である。

イ　判　旨

裁判所は，まず，どのような場合に不法行為が成立するかについて，以下のように判示した。

「引抜きが単なる転職の勧誘の域を越え，社会的相当性を逸脱し極めて背信的方法で行われた場合には，それを実行した会社の幹部従業員は雇用契約上の誠実義務に違反したものとして，債務不履行あるいは不法行為責任を負うというべきである。そして，社会的相当性を逸脱した引抜行為であるか否かは，転職する従業員のその会社に占める地位，会社内部における待遇及び人数，従業員の転職が会社に及ぼす影響，転職の勧誘に用いた方法（退職時期の予告の有無，秘密性，計画性等）等諸般の事情を総合考慮して判断すべきである」。

その上で，以下に記載する事情から，本件は社会的相当性を逸脱した違法な引抜き行為であると判断した。

- 被告は，原告の営業において中心的な役割を果たしていた幹部従業員兼取締役であったこと
- 配下の部下とともに原告が社運をかけた企画を任されており，部下らが一斉退職すればX社の経営に重大な支障を生ずることを熟知していたこと
- 原告に知られないように内密に部下らの移籍を計画・準備し，部下らが移籍を決意する以前から移籍した後の営業場所を確保し，備品を運搬するなどして，営業準備を行ったこと
- 慰安旅行を装って，部下らをまとめて連れ出し，ホテルの一室で移籍の説得を行い，翌日にはZ社の役員に会社の説明をしてもらい，さらにその翌日から早速Z社の営業所で営業を始めたこと

(ii)　東京地判H18.12.12

ア　事案の概要

原告は消費者向けにLPガスを販売している会社であったが，原告の代表取締役社長であった被告Y1が事業の失敗の責任を取る形で代表取締役専務に降格したことを機に，被告Y1は同種事業を経営する被告Y2社と共謀して，新

会社として被告Y3社を設立し，原告従業員をY3社に移籍させたという事案である。

イ　判　決

裁判所は，以下のように判示して，不法行為を認定した。

- 被告Y1は，原告の代表取締役在任中であるにもかかわらず，被告Y2社が用意した被告Y3社への移籍を前提に，被告Y2社と意を通じて，被告Y3社の営業要員の確保と原告従業員を通じてつながりを持っている原告の顧客を被告Y3社の顧客に切り替えさせることによって確保することを目的として，原告にその動きを察知されるのを防止しつつ，原告の各営業所の全従業員に対して突如として一斉に被告Y3社への引抜き行為をした。
- 一連の引抜き行為は，原告に対して従業員らの退職を予見させる機会を与えずに秘密裏に行われ，短期間に手際よく遂行されていることからみて，綿密な計画性もうかがわれるものであり，原告の各営業所の全従業員を対象としている点で，営業社員による営業行為が業務の主体をなす原告に対する打撃も極めて大きいものといえる。
- このような被告Y1の行為は，原告に対する代表取締役としての忠実義務に違反しているのみならず，その方法において背信的で，一般的に許容される転職の勧誘を超え，原告に対する不法行為となる。

(iii)　大阪地判H21.3.30（ピアス事件）

ア　事案の概要

美容サービスの提供を行う会社においてディレクターとして事業開発の中心的立場にあった従業員が在職中に競業会社を設立し，会社従業員4名を引き抜いた事案である。会社は元従業員の競業行為が懲戒解雇事由に該当するとして退職金を支給しなかったことに対し，元従業員が退職金の支払を求めて提訴し，これに対して会社は引抜き行為が違法である旨主張した。

イ　判　決

裁判所は，元従業員の競業行為および秘密保持義務違反を認め，退職金の不支給事由に当たるとして退職金の支払請求は棄却したものの，以下の理由から引抜き行為の違法性は否定した。

- 引抜きの対象となった従業員4名が，会社退職後に，競業会社に採用されたこと，同社で施術者として勤務していること，競業会社での貢献が見込まれていたこと，元従業員は引抜き対象となった従業員に対して技術指導を行い，退職の申出を承認する立場にいたことは認められる。
- しかし，上記事実によっても，元従業員らが会社を退職して競業会社に参加するように積極的に勧誘したことや，これによって従業員4名が会社を退職するに至ったことを認めるには足りず，違法な態様で引抜き行為を行ったとまでは認められない。

(iv)　東京地判H26.3.5（U社ほか事件）

ア　事案の概要

原告は派遣会社であるが，原告の従業員であった被告Y1が，労働条件等から他の派遣会社である被告Y2社への転職を決意している状況において，原告に在籍する他の従業員AおよびBに対して被告Y2社への転職を勧誘し，当該従業員AおよびBが実際に転職したという事案である。

イ　判　決

裁判所は，以下の理由を挙げ，不法行為の成立を否定した。

- 被告Y1が，被告Y2社による会社説明の際，引抜き対象の従業員Aに対して積極的に勧誘行為を行った事実は認められない。
- Aが被告Y2社に転職する決意を固めたのは，被告Y2社の労働条件に魅力を感じたためであると明確に述べており，被告Y1から勧誘を受けたことが原因とは認めがたい。
- そもそも，原告も被告Y2社も人材派遣会社であり，有期雇用の派遣社員の場合は，正社員に比べ不安定な地位に置かれることから，より良い勤務条件を求めて，転職をするのは当然のことであり，優秀な人材を引きとめたいのであれば，まずもって労働条件を改善すべきである。
- 引抜き対象従業員Bが被告Y2社への転職を決意したのは，原告での勤務条件に不満があり，常々転職のチャンスをうかがっていたところ，被告Y2社の勤務条件等に魅力を感じたことによるものであり，自らの判断で決断したものである。
- Bが被告Y1から強引な勧誘を受けるなどした事実も認められない。

③　考　察

　以上，在職中の従業員，役員による引抜きの違法性が争われた4つの裁判例を紹介した。

　いずれの裁判例も，個別具体的な事情を踏まえて，当該引抜きが社会的相当性を逸脱した違法なものかを検討していることに変わりはないが，ラクソン事件（東京地判H3.2.25）の裁判例が，社会的相当性を逸脱しているか否かを判断する際の考慮要素を判示している点が非常に参考になる。

　すなわち，同裁判例は，ⅰ）転職する従業員のその会社に占める地位，会社内部における待遇および人数，ⅱ）従業員の転職が会社に及ぼす影響，ⅲ）転職の勧誘に用いた方法（退職時期の予告の有無，秘密性，計画性等）等の事情を考慮すべきとしている。

　言い換えれば，ⅰ）転職する従業員が会社において重要な地位・役職にあればあるほど，転職する従業員の人数が多ければ多いほど，ⅱ）従業員の転職による会社への悪影響が大きければ大きいほど，ⅲ）転職の勧誘方法が計画的であればあるほど，違法性が認められやすいということになる。

　また，U社ほか事件（東京地判H26.3.5）のように，引抜きの対象となった従業員がどのような理由で転職したかという点も，違法性を判断する上で非常に大きな要素となる。

　すなわち，もともと労働条件等について会社に対して不満を有していて，引抜きを契機として転職したような場合には，転職に対する引抜きの影響力は強いものとはいえないことから，違法性は認められにくくなるということである。

　筆者の私見ではあるが，ラクソン事件（東京地判H3.2.25）判決の掲げる上記ⅰ）～ⅲ）までの考慮要素のほか，引抜き対象となった従業員の転職の動機・理由を加えた4つの要素に基づいて違法性の判断が行われると考えておくのが妥当である。

(2)　退職した従業員，役員による引抜き行為

①　退職後の従業員の誠実義務，役員の忠実義務

　上記(1)では在職中の従業員，役員による引抜きが，会社に対する誠実義務，忠実義務に違反することがあることを解説した。

　これに対し，従業員，役員が会社を退職すると，退職により会社に対する従業員の誠実義務，役員の忠実義務は消滅し，これらの義務違反は観念できなくなる。自由競争社会における採用活動の自由もあることから，他社従業員に対する転職勧誘は原則として自由と考えられているのである。

　しかし，退職をすれば無制限に会社の利益を害してもよいということにはならず，引抜きが転職勧誘の範疇を超え違法性の強いものである場合には，会社に対する不法行為が成立することになると解釈されている。

②　裁判例

　裁判所はやはり，個々の具体的な事例ごとに違法か否かを判断している。以下に裁判例を紹介していきたい。

【図表3－3】引抜き行為の違法性が認められた裁判例

番号	裁判例	判旨
1	東京地判H19.4.27 (リアルゲート事件)	コンピュータープログラマーおよびシステム操作要員の派遣事業を営む会社の代表取締役が，競業会社を設立して，会社の従業員を勧誘して入社させたことは，退職後の勧誘行為であっても在職中の勧誘行為と不可分一体であるとして不法行為責任を認めた。
2	東京地判H2.4.17 (東京学習協力会事件)	進学塾の講師が，年度の途中で講師の大半を勧誘して退職し，また生徒を勧誘して，新たに設立した進学塾に入学させた行為につき，競業避止義務違反を認めた。

【図表3-4】引抜き行為の違法性が認められなかった裁判例

番号	裁判例	判旨
3	大阪地判H12.9.22 (ジャクパコーポレーションほか1社事件)	幼稚園等において体育指導等の業務を実施する会社に在籍していた元従業員が，退職後に競業会社を設立し，原告の従業員らに対し転職を勧誘し，従業員らが転職したという事案において，引抜き行為は不法行為とならないとした。
4	東京地判H5.8.25 (TAP事件)	学習塾の講師が一斉に退職し，新しい学習塾を設立し，元の学習塾の講師や生徒の引抜きを行ったことは自由競争の範囲を逸脱した違法なものとはいえないとして不法行為の成立を否定した。

（i）　東京地判H19.4.27（リアルゲート事件）

ア　事案の概要

コンピュータープログラマー等の派遣業を行う原告の元代表取締役（被告）が，会社を退職して競業会社（被告会社）を設立した上で，原告の従業員に対し新会社に転職するよう勧誘し，転職を実現させたという事案である。

イ　判決

判決は，以下のように判示し，被告の不法行為責任を認めた。

- 被告は，原告の代表取締役であるにもかかわらず，原告の親会社の方針に異を唱え，原告と同一事業を営む新会社を設立して独立しようとし，その従業員とするために原告の従業員を勧誘して新たに設立した被告会社に入社させたのであるから，これは，原告の代表取締役として負っていた忠実義務に反するものである。
- 退職後の勧誘行為についても，在職時の勧誘と不可分一体の行為と解されるから，退職直後においてした原告の従業員に対する勧誘行為を含めて，原告の権利を侵害する不法行為を構成するものといわざるを得ない。

（ii）　東京地判H2.4.17（東京学習協力会事件）

ア　事案の概要

原告は進学塾を経営する会社であるところ，進学塾の講師である被告らが，年度の途中で講師の大半を勧誘して退職し，既存の生徒を勧誘して，新たに設

立した進学塾に入学させたという事案である。なお，原告の就業規則では，従業員に対し退職後3年間の競業避止義務を負わせており，引抜き行為が不法行為に該当するかというより，被告らの競業避止義務違反があるかという形で争われた事案である。

　イ　判　決

　判決は以下のように判示して，被告らの競業避止義務違反を認定し，損害賠償責任を認めた。

- 年度の途中で事前に十分な余裕がないまま講師陣の大半が辞任すれば，進学塾の経営者がこれに代わるべき講師の確保に苦慮することとなり，生徒に大きな動揺を与え，相当数の生徒が当該進学塾をやめるという事態を招来しかねないというべきである。
- 被告らの行為は，一方で，中野会場で生徒の教育・指導にあたっていた従業員および講師の大半の者が，原告においてその代替要員を十分確保する時間的余裕を与えないまま一斉に退職するに至ったという事態を招来させたものであり，他方では原告の従業員として職務を行っていた際に職務上入手した情報に基づき，中野会場の生徒約220名に対し，その住所に書面を送付して新たに設立した進学塾への入会を勧誘して，125名を入会させるに至ったものであり，原告の就業規則上の競業避止義務に違反したものである。

　(iii)　大阪地判H12.9.22（ジャクパコーポレーションほか1社事件）

　ア　事案の概要

　反訴原告は，幼稚園等から委託を受け，幼稚園等において体育指導等の業務を実施する会社であるが，反訴原告に在籍していた元従業員（反訴被告）が，退職後に競業会社を設立し，反訴原告の従業員らに対し転職を勧誘し，従業員らが転職したという事案において，転職した従業員らが反訴原告に退職金の支払を求め，これに対して反訴原告が反訴被告および元従業員らに対して，引抜きおよび顧客奪取が不法行為であるとして損害賠償を求めた事案である。

　イ　判　決

　判決は以下のように判示し，不法行為の成立を否定した。

- 労働者は，労働契約に付随する信義則上の義務として，労働契約継続中は使用者の利益に著しく反する競業行為を差し控えるべき義務を負うと解すべきであるが，労働契約終了後は，そのような競業避止義務を当然かつ一般的に負うものではなく，自ら主体となりあるいは同業他社へ就職するなどして退職前の使用者との競業行為に従事することも，これを自由に行い得るのが原則である。その際，退職前の使用者の顧客に対する営業活動を行ってはならないなどの義務が当然に生じるものでもない。したがって，退職後の競業行為が退職前の使用者に対する関係で不法行為となるためには，それが著しく社会的相当性を欠く手段，態様において行われた場合等に限られると解する。
- 認定した各事実を総合すると，反訴被告を中心に元従業員らも相互に意思疎通をし，反訴原告の大阪支部や岸和田支部での営業ができなくなることを認識しながら，あえて反訴被告らが同時期に反訴原告を退職するとともに，幼稚園等にも不当な働きかけを行うなどしてその奪取を画策したのではないかとの疑念が生じることはもっともなところである。
- しかしながら，反訴被告が反訴原告の従業員に対して行った勧誘方法というのは，新会社での条件等を提示して転職を持ちかけたというものであり，これに応じた元従業員らはもともと反訴原告の労働条件等に強い不満を有していたのであり，これに反訴被告の人望も加わって，反訴原告からの退職者が続出することになったということは十分あり得ることである。
- 反訴被告が，反訴原告の従業員に対して転職の勧誘行為を行っていたことや幼稚園に対して新会社との契約締結への働きかけを行っていたことは認められるが，その手段，態様において社会的相当性を逸脱するほど著しく不当なものであったとは認められない。

(iv)　東京地判H5.8.25（TAP事件）

ア　事案の概要

学習塾TAP（原告）に勤務していた講師8名（被告ら）が一斉に退職し，新しい学習塾SAPIXを設立し，TAPの講師や生徒を引き抜く等した事案である。

イ　判決

裁判所は，以下の理由等を挙げ，不法行為の成立を否定した。

- 会社の取締役または従業員は，その退任後または雇用関係終了後においては，その一切の法律関係から解放されるのであって，在任または在職中に知り得た知識や人間関係等をその後自らの営業活動のために利用することも，それが旧使用者の財産権の目的であるような場合または法令の定めもしくは当事者間の格別の合意があるような場合を除いては，原則として自由なのであって，退任ないし退職した者が，旧使用者に雇用されていた地位を利用して，その保有していた顧客，業務ノウハウ等を違法または不当な方法で奪取したものと評価すべきようなときでない限り，退任ないし退職した者が旧使用者と競業的な事業を開始し営業したとしても，直ちにそれが不法行為を構成することにはならないものと解するのが相当である。
- 被告らは，TAPを退任ないし退職して，TAPの校舎の所在地と同一通学圏内ともいうべき地域に同一目的の学習塾を開設し，TAPを退職した講師や従業員の多数を雇い入れて営業を開始し，TAPに在籍していた生徒らの多数がこれに移籍したものであり，そこで採用された授業方法や教材等もTAPにおけるそれと類似のものであることがうかがわれるけれども，被告らは，TAPの講師や従業員またはTAPに在籍した生徒らに対して，その方法または態様において，単なる転職または転校の勧誘の域を超え，社会的相当性を逸脱した引抜き行為を行ったものとまではいうことはできない。
- TAPにおける授業方法や教材等といっても，もともと被告らが多年の経験に基づいて蓄積してきた1つの教育観とでもいうべきものであって，被告らの属人的要素が強く，TAPの企業秘密に属するものでない。
- 被告らには，違法または不当な手段・方法を弄してTAPの講師や従業員またはTAPに在籍した生徒らを新たに開設する学習塾に引き抜き，これによって原告に損害を加えようとして，退任ないし退職したなどの積極的な害意を認めることもできないことなどに照らすと，被告らの前記の一連の所為が自由競争の範囲を明らかに逸脱した違法なものであるということはできないものということができる。

③　考　察

　以上，退職した従業員・役員による引抜きの違法性が争われた4つの裁判例を紹介した。

　違法性が認められたリアルゲート事件（東京地判H19.4.27）は，在職中におい

ても転職勧誘を行っており，退職後の転職勧誘もこれと不可分一体の関係にあると判断され，違法性が認められており，また，東京学習協力会事件（東京地判H2.4.17）は，就業規則において退職後の競業避止義務が課されている状態において，引抜きが行われ，競業避止義務違反が認められた事案である。

ジャクパコーポレーションほか1社事件（大阪地判H12.9.22）やTAP事件（東京地判H5.8.25）判決が判示しているとおり，従業員・役員は退職により，元の会社との法律関係から解放され，原則的には自由競争の原理が働くため，引抜きが違法となるのは限定的であると解釈されている。

もっとも，結局は個々の事案ごとに違法性を判断する必要があり，またリアルゲート事件（東京地判H19.4.27）のように退職後の引抜きであっても退職以前から計画的にこれが行われていたような場合には違法性は認められやすくなる。

退職後の引抜き事案についても，前述のラクソン事件（東京地判H3.2.25）判決が掲げた考慮要素，すなわち，①転職する従業員の地位・人数，②従業員の転職が会社に及ぼす影響，③転職の勧誘に用いた方法（秘密性，計画性等）に加えて，④転職した従業員の転職の理由・動機等を考慮要素として，違法性の有無を判断すべきということは妥当すると考えられる。

3　従業員や役員の引抜き行為に対する予防策

(1)　総　論

会社として，従業員や役員による引抜き行為を防止するために，どのような手段を採り得るか。方法としては，①個々の従業員・役員から引抜き行為をしない旨の誓約書・合意書を取得する方法，②就業規則により引抜き行為を禁止する方法が考えられる。

(2)　引抜き行為をしない合意

①　引抜き行為をしない合意の有効性

契約自由の原則から，会社が個々の従業員・役員との間で，会社従業員に対する引抜き行為，勧誘行為をしない旨の合意を行うことは可能であり，そのよ

うな合意は有効と解釈されている。

　実務上は，従業員・役員から引抜き行為をしない内容の誓約書を提出させる方法で上記合意を行うことが多い。

　もっとも，引抜き行為をしない合意は，退職した従業員による営業活動の自由，勧誘対象となる従業員の職業選択の自由を制限する側面があるため，過度に広範な禁止は民法90条の公序良俗違反に該当し，無効と解釈される可能性もある。例えば，退職後，期間制限なく引抜き行為を禁止することは，過度に広範な禁止であり，公序良俗違反と認定される可能性が高い。

　【条項例3－1】に，引抜き行為をしないことを誓約する誓約書の条項案を記載するので，参考としていただきたい。

【条項例3－1】引抜き行為をしないことを誓約する誓約書の条項案

> 第●条　引抜き・勧誘行為の禁止
> 1　従業員は会社に対し，雇用契約の期間中及び雇用契約の終了後【　】年間は，自らのため又は第三者のためを問わず，会社の従業員に対して転職の勧誘，採用活動を行わないことを誓約する。
> 2　前項の規定にかかわらず，従業員が予め会社に対して，転職の勧誘等を行うとする対象者，転職先の事業者，転職の勧誘を行おうとする理由等を明らかにした上で，これに対する会社の書面による承諾を得た場合には，前項の誓約には違反しないものとする。

② 違約金の設定

　引抜き行為をしない合意に実効性を持たせるために，さらに進んで当該合意に違反した場合のペナルティ（違約金）を設定することは可能だろうか。

　引抜き行為が行われた場合には，結果として引き抜かれた従業員が担当していた顧客を喪失する，部署の中核的な人物が引き抜かれたことにより部署の業務が立ち行かなくなるなど会社にとって大きな損害が生じ得るものの，これら

は引抜き行為によって直接的に生じた損害であるとは直ちにいい難く，請求できる損害は限定されてしまうことが多い。違約金を有効に設定することができれば，このような問題を克服し，より実効的な予防策となる。

　この点，引抜き行為をしない合意が有効である以上，これに違反した場合のペナルティを設定することも公序良俗に反する事情がない限りは有効と考えられる。ペナルティの金額が会社に生じる損害に比して過大である場合などは公序良俗に反して当該合意は無効と解釈される可能性があるため，個々の事案ごとにどの程度の違約金等の金額を設定すべきか慎重に検討する必要がある。

　なお，実際には引抜き行為の規模や引き抜かれた従業員によってどの程度の損害が生じるかを事前に予想することは困難であろう。そこで，違約金を設定する場合，違約金自体は社会通念上，常識的な金額とし，違約金の金額を超える損害が生じた場合には別途請求できるようにしておくことが望ましい。

　【条項例3－2】は，違約金を設定する条項案である。

【条項例3－2】違約金を設定する条項案

> 第●条　違約金
> 　従業員が，本誓約書の第▲条の条項に違反した場合，会社に対して【　】円の違約金を支払うものとする。ただし，会社に違約金の金額を超える損害が生じた場合，会社はその超過分についても，別途損害賠償請求を行うことができる。

(3)　就業規則による禁止

　会社の就業規則において，従業員に対する引抜きを禁止することも原則として有効であると解釈されている。

　就業規則は，会社と在職中の従業員との間の法律関係を規律するものであるため，退職後の法律関係を規定できるのかという問題があるが，規定に合理性が認められる限りは有効と考えられている。

就業規則の条項案を【条項例3－3】に記載する。

【条項例3－3】就業規則の条項例

> 第●条　在職中，退職後の従業員に対する引抜き・勧誘行為の禁止
> 1　従業員は，在職中はもちろん，退職後【　】年間，自らのため又は第三者のためを問わず，会社の従業員に対して転職の勧誘，採用活動を行ってはならない。
> 2　従業員が在職中に前項に違反した場合，懲戒処分の対象となる。

⑷　小　括

　以上，従業員の引抜き行為に対する予防策として，①引抜きをしない合意の締結および違反した場合のペナルティの設定（誓約書の作成），②就業規則による引抜きの禁止を説明した。

　実務上，これらの予防策を講じておくことは極めて重要である。次項4において，引抜き行為が行われた場合の対応方法を解説するが，引抜き行為禁止の仮処分はハードルが高く，損害賠償請求という方法とならざるを得ない場合が多い。また，損害賠償請求を行うにあたっては，前項2において解説したとおり，上記のような予防策を講じていない場合，違法な引抜きと認定される事案は限定的であり，事後的な救済のみでは会社の防衛手段としては不十分だからである。

　これに対して，上記のような予防策を講じていれば，従業員や役員により引抜き行為が行われた場合，会社との間の引抜き行為禁止の合意や就業規則違反として，債務不履行責任が認められやすくなる。また同様に，違約金等のペナルティを設定しておけば，会社は引抜き行為によって会社に生じた損害を立証することなく，設定された違約金等を請求することができることになる。

　なお，これらの予防策に加えて，退職金の減額や不支給，返還規定の策定という方法が考えられるが，その有効性・実効性については，第1章第3に記載

したとおりである。

　本書をお読みいただいた企業の方々におかれては，ぜひとも，従業員・役員から取得する誓約書ひな型に引抜き禁止に関する条項が盛り込まれているか，就業規則において引抜き禁止の条項が存在するかをチェックいただき，そのような条項が存在しなければ修正されることを検討いただきたい。

4　従業員や役員による引抜き行為への対応案

(1)　調査および証拠収集

　従業員の引抜きが発覚した場合，会社としては被害拡大防止のため，また引抜きを行った従業員や役員に対する損害賠償請求等，採り得る手段を検討するため，早期の調査および証拠収集が重要となる。

　具体的な調査方法としては，①転職の勧誘を受けたが転職しなかった従業員，②転職の勧誘を受け実際に転職した従業員（引抜き対象となった従業員），③引抜きを行った従業員や役員に対するヒアリングがメインとなる。

　②および③の従業員は，そもそもヒアリングに応じないことが多く，またヒアリングに応じたとしても，自己に都合の良いように虚偽の事実を述べ，または両者間で口裏合わせを行う危険性が大きいため，まずは①の従業員のヒアリングを行うべきである。当該従業員は引き続き会社に在籍している関係上，会社の調査に積極的に協力してくれることが多く，ここで可能な限りの証拠収集を行っておくべきである。

　その後，②の従業員，③の従業員の順序でヒアリングを実施すべきである。

　③の従業員は事件の首謀者であるため，引抜きの事実を否定する可能性が高く，会社としては事前にある程度の証拠固めをした上でヒアリングに臨み，回答内容によっては証拠を示して事実を述べるように促す形でヒアリングを進めるとよい。

　ヒアリングを行う場合には，録音を行うことはもちろん（秘密録音で構わない），調査を実施した担当者においては報告書を作成し，ヒアリング対象者の協力が得られればヒアリング対象者の署名押印のある陳述書の作成を行ってお

くべきである。

　また，引抜きにあたり，連絡手段としてメールやSNS等が利用された場合，その他引抜きに関連した客観的証拠がある場合には，そのデータの収集，保存を行っておくことも必要である。

(2)　採り得る法的手段の検討

　調査の結果，違法な引抜き行為であることが判明した場合には，会社は引抜きを行った従業員に対して，引抜き行為の中止を求め（引抜き行為が継続している場合），また引抜きにより会社に損害が生じた場合には従業員・役員に対して損害賠償請求を行うことが考えられる。

　前述3において解説したとおり，誓約書や就業規則において引抜き行為を禁止している場合に引抜きがあった場合とそのような予防策が採られていない状態で引抜き行為があった場合とでは，損害賠償請求等を行うか否かという方針決定においても考え方が異なってくる。

　すなわち，予防策を講じていた場合には，原則的には引抜き行為がなされたのみで，引抜き行為を行った従業員・役員は，会社との間の引抜き行為禁止の合意や就業規則に違反し，債務不履行責任を負うこととなるため，損害賠償請求を行いやすい。また，違約金等のペナルティを設定していれば，損害の算定や立証可能性を検討せずに設定した違約金の金額を請求すればよいことになる。

　これに対して，予防策を講じていない場合，違法な引抜きといえるか否かについて慎重に検討する必要がある。どのような引抜きが違法となるのかは前述2において説明したところであるが，現実の訴訟においては損害賠償請求を求める側に証明責任という負担があり，引抜きが違法であることの証明は容易ではないことに留意が必要である。例えば，真実は，会社の要職にある人物が在職中に独立を計画し，部下らに対して引抜き行為を行い，実際に部下らが転職したとしても，引抜き行為は概して会社に対して秘密裏に行われることから会社として引抜き行為の実態を証明する手段に乏しいため，訴訟において引抜き行為の実態を証明できないということが往々にしてある。会社の従業員が独立

した元従業員・元役員のいる会社に転職していたという事実を明らかにするだけでは，引抜き行為を立証したことにはならない。違法な引抜き行為の実態を証明できなければ，証明責任を負担する側（損害賠償請求を行う会社側）が敗訴するというのが民事訴訟のルールである。

コラム🔍 証明責任

　民事訴訟には，「証明責任（立証責任）」という概念がある。

　証明責任とは「訴訟において裁判所がある事実（主要事実）の存否につき，そのいずれとも確定できない場合（真偽不明）に，その結果として，判決において，その事実を要件とする自己に有利な法律効果の発生または不発生が認められないことになる当事者の一方が被る危険または不利益」と定義されている。

　わかりやすくいうと，訴訟において，ある事実について証明責任を負っている当事者が，当該事実を証明できなければその事実はないものとして扱われるということである。

　例えば，AがBに対して，100万円を貸したが，Bが返済しないため，AがBに対して，貸金100万円の返還を求めて訴訟を提起したが，Bは，100万円は借りたものではなく，もらったものだと反論しているという事例で考えてみよう。

　当該訴訟において，Aは「Bに100万円を貸した」という事実について，証明責任を負っている。したがって，Aが上記事実を証明できない場合，AのBに対する100万円の貸付けはなかったものと扱われて，Aの請求は認められないという判決になる。

　そして，民事訴訟における「証明」という概念は，通常人が疑いを差し挟まない程度に真実性の確信を持ち得る状態であり，裁判官が十中八九確からしいと納得した状態ともいわれている。

　したがって，Bとしては，100万円は借りたものではなく，もらったものだと反論し，裁判官にAとBのどちらが正しいことを言っているのかわからない（真偽不明）と思わせれば，Aは「Bに100万円を貸した」という事実を証明できないこととなり，当該事実はなかったものとしてAの請求は認められないということになる。

　前述したとおり，会社が従業員による引抜きが違法であるとして従業員に対して損害賠償請求をする場合には，会社側が違法な引抜きであることについて証明責任を負っており，したがって会

> 社としては引抜き行為の実態を証明するための証拠収集が重要に
> なってくるのである。

(3)　通知書の送付

　前記(2)による検討の結果，引抜き行為が違法であり，引抜き行為の中止や損害賠償請求が可能であると判断された場合，引抜きを行った従業員や役員に対して通知書を送付する対応が考えられる。通知書は，後々，送付した事実を裁判で立証できるように内容証明郵便で送付すべきである。

　通知書には，調査の結果判明した事実関係をもとに，引抜き行為を行った従業員に対して，引抜き行為の中止を求め（引抜き行為が継続している場合），会社に発生した損害について損害賠償請求を求める旨，これらに応じない場合には訴訟等の法的手段を講じる旨を記載する。通知書の送付自体が法的効果を発生させるものではないが，引抜き行為を行った従業員に精神的なプレッシャーを与え，事実上，新たな引抜き行為を差し止める効果が期待できる。

(4)　裁判手続による民事上の差止請求と損害賠償請求

①　訴訟による差止請求

　通知書の送付によっても引抜きが継続する場合には，訴訟によって引抜き行為の差止めを請求する方法が考えられる。

　もっとも，民事訴訟は提訴から第一審の判決言渡しまでに平均約9か月[1]の期間を要するといわれているところ，民事訴訟の審理中に引抜き行為が終了してしまえば，差止めを求める対象となる引抜き行為が存在しなくなってしまうため，請求は認められないという結論になってしまう。

1　最高裁判所「裁判の迅速化に係る検証に関する報告書（第8回）」より。なお，第一審の平均審理期間。

　したがって，引抜き行為の差止請求訴訟の提起という手段は存在するものの，実務的に採用されるケースは多くはない。ただし，引抜き行為を行っている相手方を牽制する目的で訴訟を提起する戦略も存在するため，どのような対処方法を採るかは，個別の事案に応じて検討いただきたい。

② 訴訟による損害賠償請求

　他方で損害賠償請求については，すでに発生した会社の損害について賠償請求を行うものであるから，訴訟手続に時間を要し，その間に引抜き行為が終了したとしても，上記のような問題は生じない。ただし，損害賠償請求を行うためには，違法な引抜きであることの証明を行う必要があるほか，会社に生じた損害の証明も必要となってくる。

　では，違法な引抜き行為が行われた場合，会社は引抜き行為を行った従業員や役員に対して，具体的にどの範囲の損害賠償を請求できるか。

　会社に発生する損害としては，①引き抜かれた従業員が引き続き会社に在籍していたならば当該従業員が獲得したであろう利益，②当該従業員が退職したことに伴い，新たな従業員を募集，採用しなければならなくなったコスト等が考えられるが，裁判所は，①のうち一定期間を限度として，違法な引抜き行為と相当因果関係がある損害であると認めることが多い。

　事案によって判断は異なるが，新たな従業員を採用するまでの相当期間として6か月間程度に限定して，引き抜かれた従業員の売上から必要経費を控除した利益額を損害として認定している裁判例があり参考となる（東京地判H22.3.4, 東京地判H27.9.29）。

③ 引抜き行為禁止の仮処分

　上記①の引抜き行為差止請求訴訟は裁判所の判決を取得するまでに期間を要するが，これに対して引抜き行為禁止の仮処分は民事保全処分であり，申立てから決定まで数か月程度で実施できるため訴訟に比べると即効性がある手段であり，事案によっては利用を検討すべきである。

　もっとも，上述のとおり引抜き事案では概して違法な引抜きの実態を証明する手段に乏しく，違法な引抜きであることを立証するためには引抜き行為を行った本人，引抜きの対象となった従業員らを法廷で尋問することが必要なことが多い。しかし，民事保全手続では民事訴訟とは異なり，提出できる証拠は即時に取り調べることができる証拠に限定されており，基本的に法廷における尋問は実施されない。

　したがって，現実的に引抜き行為禁止の仮処分申立ての実効性があるのは，引抜きの対象となった従業員の陳述書が取得できた場合など，違法な引抜きであることを証明する資料が十分に揃っている場合となる。ただし，十分な証拠が揃っておらず，裁判所の仮処分決定を得ることは難しいと考えられる状況でも，前述のように引抜き行為を行っている相手方を牽制する目的で仮処分を申し立てることも考えられる。

　仮処分申立手続の詳細については，第1章第5・2を参照されたい。

第2 | 顧客奪取

1　退職時に発生する顧客奪取リスクとは

　退職した従業員や役員による顧客奪取は，従業員の引抜きと同様に極めて発生しやすいトラブルである。顧客奪取が発生すると，会社には，①奪取された顧客分の会社の売上が減少するという直接的な被害が発生するほか，②退職した従業員や役員による風評被害が生じ，またトラブルのあった会社と見られ既存顧客からの信用が失われる等の間接的な被害も発生する可能性がある。

　従業員や役員による顧客奪取が発生した場合に会社はどのような法的手段が講じられるのか，また顧客奪取が発生しないようにするためにどのような予防策を採るべきなのかをぜひ知っておいていただきたい。

2　顧客奪取行為の違法性と裁判例

(1)　総　論

　元従業員や元役員による会社の顧客奪取行為はいかなる場合に違法となるのか。

　この点，顧客情報が不正競争防止法上の「営業秘密」に該当し，この顧客情報を不正に用いて顧客に連絡するなどして顧客と契約締結した場合には，顧客奪取行為は営業秘密の不正取得および不正使用として「不正競争行為」に該当することになり，同法による救済を受けることになる（第2章第4・4参照）。

　他方で，顧客情報が「営業秘密」に該当しない場合には，民法上の不法行為に該当するか否かが争点となってくる。

(2)　顧客奪取行為の違法性

①　裁判例

　顧客奪取行為について民法上の不法行為が成立すれば，その行為の差止めや損害賠償請求が可能となる。

　裁判例において，どのような顧客奪取行為が不法行為に該当するとされているのか，以下解説する。

【図表3−5】顧客奪取行為の違法性

番号	裁判例	判旨
1	東京地判H5.1.28（チェスコム秘書センター事件）	従業員が退職後に，在職中に知り得た顧客に対して低廉な料金を提示して勧誘するなど，労働契約中に獲得した顧客に関する知識を利用して不当な方法で競業を行うことは労働契約上の債務不履行に該当するとした。
2	東京地判H13.9.18	従業員が在職中に競業行為をすることを企画し，退職後に競業行為を行い，業務上知った取引先および契約代金額の情報を利用して，取引先に安い代金での契約を持ちかけて顧客を奪った行為が不法行為に該当するとした。

3	最判H22.3.25 (三佳テック事件)	機械部品の製造会社を退職した従業員が，競合事業を経営し，退職した会社の取引先から継続的に仕事を受注した行為について，社会通念上自由競争の範囲を逸脱した違法なものとはいえず不法行為に当たらないとした。

(i)　東京地判H5.1.28（チェスコム秘書センター事件）

　判決は，「原則的には，営業の自由の観点からしても労働契約終了後はこれらの義務（筆者注：誠実義務，競業避止義務等）を負担するものではないというべきではあるが，すくなくとも，労働契約継続中に獲得した取引の相手方に関する知識を利用して，使用者が取引継続中のものに働きかけをして競業を行うことは許されないものと解するのが相当であり，そのような働きかけをした場合には，労働契約上の債務不履行となるものとみるべきである」とした上で，本件では，①原告が行っている電話代行業務は，代行業務を必要とする顧客を発見し，その顧客にチェスコム製の転送機を購入してもらうことが最も重要であること，②原告は広告に相当の経費をかけて代行業務を必要とする顧客の発見に努めていること，③転職先会社では電話帳に広告を載せるほか，ダイレクトメールやテレコール等で宣伝をしていたが，これらの方法ではほとんど顧客を獲得することはできなかったこと，④被告らが在職中に知った取引先を訪問して，原告より低廉な料金を提示して契約切替えを勧誘する方法を採っていたこと等の事情から，労働契約上の債務不履行が成立すると判断した。

(ii)　東京地判H13.9.18

　判決は，以下のように判示して，違法性を認めた。

- 本件は，原告に雇用されていた被告らが，原告の取引先と原告より少し安価な料金であっても直接契約を締結すればより多くの利益を挙げることができるとの意図のもと，新会社を設立し，より安価な料金を提示して取引先を勧誘して，契約を締結したというべきである。
- 元従業員が雇用主である原告と対等な競業行為を行ったというよりも，むしろ従業員であった被告らが雇用主の原告の取引先のみを奪うことを企図して取引

> 先を勧誘したというものであるから，その背信的な事情をも考慮すれば，もは
> や自由競争の範囲を逸脱したといわざるを得ず，違法の評価を免れないという
> べきである。

(iii)　最判H22.3.25（三佳テック事件）

判決は以下のように判示して，違法性を認めなかった。

- 元従業員は，退職のあいさつの際などに本件取引先の一部に対して独立後の受
  注希望を伝える程度のことはしているものの，本件取引先の営業担当であった
  ことに基づく人的関係等を利用することを超えて，会社の営業秘密に係る情報
  を用いたり，会社の信用を貶めたりするなどの不当な方法で営業活動を行った
  ことは認められない。
- 本件取引先のうち3社との取引は退職から5か月ほど経過した後に始まったも
  のであるし，退職直後から取引が始まった取引先については，前記のとおり会
  社が営業に消極的な面もあったものであり，会社と本件取引先との自由な取引
  が本件競業行為によって阻害されたという事情はうかがわれず，元従業員らに
  おいて，会社の退職直後に会社の営業が弱体化した状況をことさら利用したと
  もいい難い。
- 代表取締役就任等の登記手続の時期が遅くなったことをもって，隠ぺい工作と
  いうことは困難であるばかりでなく，退職者は競業行為を行うことについて元
  の勤務先に開示する義務を当然に負うものではないから，元従業員らが本件競
  業行為を会社側に告げなかったからといって，本件競業行為を違法と評価すべ
  き事由ということはできない。
- 以上の諸事情を総合すれば，本件競業行為は，社会通念上自由競争の範囲を逸
  脱した違法なものということはできず，不法行為に当たらないというべきであ
  る。

②　考　察

　前記(iii)の最高裁判決は，前提として，「元従業員等の競業行為が，社会通念
上自由競争の範囲を逸脱した違法な態様で元雇用者の顧客を奪取したとみられ
るような場合には，その行為は元雇用者に対する不法行為に当たるというべき

である」と述べており，この判断の枠組み自体は(i)，(ii)の裁判例を含めて多くの裁判例で採用されているところである。

　もっとも，同様の判断枠組みを用いながら，(iii)事件の原審（高裁判決）は，①元従業員らは，元雇用者の取引先を主たる取引先として事業を運営していくことを企図して競業行為を開始したこと，②取引先との従前の営業上のつながりを利用して取引先を奪い，元雇用者の売上のほぼすべてを取引先から得るようになったこと，③これにより元雇用者に大きな損害を与えたこと等から，競業行為は，社会通念上自由競争の範囲を逸脱したものとの認定を行っている。

　これに対して，最高裁は，営業秘密を使用しまたは信用を貶める等の不当な行為があれば格別，単に在職中に入手した顧客情報を利用することは許容されるとし，本件は社会通念上自由競争の範囲を逸脱した違法なものということはできないと全く逆の判断をした。

　(i)，(ii)の裁判例は，いずれも在職中に得た取引先の情報を利用してより低額な料金を提案するなどして営業活動を行い，顧客を奪取した事案について，違法性を認定しており，(iii)事件の原審（高裁判決）も従前の下級審の判断に沿った判断を行ったものと思われる。しかし，最高裁は，判断枠組み自体は維持しつつも，在職中に得た顧客情報を利用した競業行為について不法行為が成立する場面を限定的に解釈したものと思われる。

　(iii)の最高裁判決を前提にすると，別段の合意がない以上，在職中に入手した顧客情報を利用すること自体は許容され，それによって顧客奪取行為があったとしても不法行為は成立せず，営業秘密を利用する，または会社の信用を毀損する等の不当な行為があって初めて不法行為が成立すると考えておいたほうがよい。

3　顧客奪取行為の予防策

(1)　総　論

　会社として，退職者による顧客奪取を防止するために，どのような手段を採り得るか。方法としては，①顧客情報を不正競争防止法の「営業秘密」として

管理する方法，②個々の従業員・役員から退職後に顧客情報を利用しない旨の誓約書を取得する方法，③就業規則により退職後の顧客情報の利用を禁止する方法が考えられる。

(2)　顧客情報を不正競争防止法の「営業秘密」として管理する方法

　顧客情報を不正競争防止法上の「営業秘密」に該当するように管理しておけば，元従業員の顧客情報の不正利用による顧客奪取が生じても，不正競争防止法による不正競争行為の差止請求や損害賠償請求が可能となる。

　そこで，社内の顧客情報について，不正競争防止法の「営業秘密」に該当するための要件を備えるような管理をしておくことが有用である。具体的な管理方法については，第2章第4・4をご参照いただきたい。

(3)　顧客情報を利用せず顧客と接触しない旨の誓約書を取得する方法

　契約自由の原則から，会社が個々の従業員・役員との間で，退職後，顧客情報を利用しない旨の合意を行うことは可能であり，そのような合意は有効と解釈されている。

　実務上は，従業員・役員から顧客情報を利用しない内容の誓約書を提出させる方法で上記合意を行うことが多い。

　もっとも，顧客情報を利用しない合意は，退職した従業員や役員による営業活動の自由を制限する側面があるため，過度に広範な禁止は民法90条の公序良俗違反に該当し，無効と解釈される可能性もある。例えば，退職後，期間制限なく顧客情報の利用を禁止することは，過度に広範な禁止であり，公序良俗違反と認定される可能性が高いと思われる。

　【条項例3－4】に，顧客情報を利用しないことを誓約する誓約書の条項案を記載するので，参考としていただきたい。

【条項例3－4】顧客情報を利用しないことを誓約する誓約書の条項案

> 第●条　顧客情報の利用の禁止
> 　従業員は会社に対し，退職後【　】年間，自らのため又は第三者のため
> を問わず，在職中知り得た会社の顧客，取引先の情報を利用してはならず，
> 会社の顧客，取引先への一切のアクセス（電話，訪問等手段を問わない。）
> 及び営業活動を行わないことを誓約する。

⑷　就業規則により顧客情報の利用および顧客との接触を禁止する方法

　会社の就業規則において，退職後，業務上知り得た顧客情報の利用を禁止することも原則として有効であると解釈されている。

　就業規則は，会社と在職中の従業員や役員との間の法律関係を規律するものであるため，退職後の法律関係を規定できるのかという問題があるが，規定に合理性があると認められる限りは有効と考えられている。

　就業規則の条項例を【条項例3－5】に記載する。

【条項例3－5】就業規則の条項例

> 第●条　退職後の顧客情報の利用の禁止
> 　従業員は，退職後【　】年間，自らのため又は第三者のためを問わず，
> 在職中知り得た会社の顧客，取引先の情報を利用してはならず，会社の顧
> 客，取引先への一切のアクセス（電話，訪問等手段を問わない。）及び営
> 業活動を行ってはならない。

⑸　小　括

　以上，従業員や役員の顧客奪取行為に対する予防策として，①顧客情報を不正競争防止法の「営業秘密」として管理する方法，②個々の従業員・役員から退職後に顧客情報を利用しない旨の誓約書を取得する方法，③就業規則により

退職後の顧客情報の利用を禁止する方法を説明した。

　実務上，これらの予防策を講じておくことは極めて重要である。次項4において，顧客奪取行為が行われた場合の対応方法を解説するが，顧客情報の秘密管理性が欠けている場合，不正競争防止法による救済を受けられず，また前項（第2・2）において述べたとおり，裁判例の流れから顧客奪取行為について不法行為が成立する場面は限定的に解釈されているため，事後的な救済のみでは会社の防衛手段としては不十分だからである。

　これに対して，上記のような予防策を講じていれば，①不正競争防止法による救済が受けられるし，②顧客奪取行為を行った従業員や役員は，会社との間の合意や就業規則に違反し，債務不履行責任を負うこととなり，裁判例で争われたような顧客奪取行為の不当性などを立証することを要しなくなる。また同様に，違約金等のペナルティを設定しておけば，会社は顧客奪取行為によって会社に生じた損害を立証することなく，設定された違約金等を請求することができることになる。

　なお，これらの予防策に加えて，違約金の設定，退職金の減額や不支給，返還規定の策定という方法が考えられるが，その有効性・実効性については，第1章第3をご参照いただきたい。

4　顧客奪取行為への対応策

(1)　調査および証拠収集

　従業員や役員の顧客奪取行為が発覚した場合，会社としては被害拡大防止のため，また顧客奪取行為を行った従業員や役員に対する損害賠償請求等，採り得る手段を検討するため，早期の調査および証拠収集が重要となる。

　具体的な調査方法としては，①取引の勧誘を受けたが取引をしなかった取引先，②取引の勧誘を受け実際に取引した取引先（顧客奪取行為の対象となった取引先），③顧客奪取行為を行った従業員や役員に対するヒアリングがメインとなる。

　まずは，①取引の勧誘を受けたが取引をしなかった取引先のヒアリングを行

うべきである。当該取引先は引き続き会社と取引をしている関係上，会社の調査に積極的に協力してくれることが多く，ここで可能な限りの証拠収集を行っておくべきである。

　その後，②取引の勧誘を受け実際に取引した取引先，③顧客奪取行為を行った従業員や役員の順序でヒアリングを実施すべきである。

　③顧客奪取行為を行った従業員や役員は事件の首謀者であるため，顧客奪取の事実を否定する可能性が高く，会社としては事前にある程度の証拠固めをした上でヒアリングに臨み，回答内容によっては証拠を示して事実を述べるように促す形でヒアリングを進めるとよい。

　ヒアリングを行う場合には，録音を行うことはもちろん（秘密録音で構わない），調査を実施した担当者においては報告書を作成し，ヒアリング対象者の協力が得られればヒアリング対象者の署名押印のある陳述書の作成を行っておくべきである。

　また，顧客奪取にあたり，連絡手段としてメールやSNS等が利用された場合，その他顧客奪取に関連した客観的証拠がある場合には，そのデータの収集，保存を行っておくことも必要である。

　なお，退職者から取引の勧誘を受けた取引先がヒアリング等に応じてくれない場合，弁護士会照会を活用することが考えられる。弁護士会照会とは，弁護士が依頼を受けた事件について，証拠や資料を収集したり，事実を調査したりするなどして，その職務活動を円滑に行うために設けられた法律上の制度（弁護士法23条の2）である。個々の弁護士が直接照会先に行うものではなく，弁護士会という弁護士が所属する団体がその必要性と相当性について審査を行った上で照会を行う仕組みになっている。取引先が任意の問い合わせやヒアリングに応じてくれない場合でも，弁護士会照会によれば，一個人ではなく弁護士会からの照会事項となることや，裁判例および政府解釈上，弁護士会照会には回答義務が認められていることから，誠実に回答してくれることが多い。このような制度活用も，証拠収集に際して弁護士に依頼することのメリットの1つである。

(2)　採り得る法的手段の検討

　調査の結果，違法な顧客奪取行為であることが判明した場合には，会社は顧客奪取行為を行った従業員や役員に対して，顧客奪取行為の中止を求め（顧客奪取行為が継続している場合），また顧客奪取行為により会社に損害が生じた場合には損害賠償請求を行うことが考えられる。

　前記3において解説したとおり，①顧客情報を不正競争防止法上の「営業秘密」として管理している場合，②誓約書や就業規則において顧客情報の利用や顧客との接触行為を禁止している場合においてこれに違反して顧客奪取行為があったときと，そのような予防策が採られていない状態で顧客奪取行為があったときとでは，損害賠償請求等を行うか否かという方針決定においても考え方が異なってくる。

　すなわち，予防策を講じていた場合には，不正競争防止法による不正競争行為の差止請求や損害賠償請求，または会社との間の顧客奪取行為禁止の合意や就業規則違反による債務不履行責任の追及を行いやすい。

　これに対して，予防策を講じていない場合，違法な顧客奪取行為といえるか否かについては慎重に検討する必要がある。どのような顧客奪取行為が違法となるのかは前記2において説明したところであるが，裁判例の流れから，単に顧客情報を利用されて顧客を奪われたのみでは違法とはいえない可能性が高い。また不当な手段により顧客奪取が行われた場合でもそれを証明する証拠が必要であるためである。

(3)　通知書の送付

　上記(2)による検討の結果，顧客奪取行為が違法であり，顧客奪取行為の中止や損害賠償請求が可能であると判断された場合，顧客奪取行為を行った従業員や役員に対して通知書を送付する対応が考えられる。通知書は，後々，送付した事実を裁判で立証できるように内容証明郵便で送付すべきである。

　通知書には，調査の結果判明した事実関係をもとに，顧客奪取行為を行った従業員や役員に対して，顧客奪取行為の中止を求め（顧客奪取行為が継続して

いる場合），会社に発生した損害について損害賠償請求を求める旨，これらに
応じない場合には訴訟等の法的手段を講じる旨を記載する。通知書の送付自体
が法的効果を発生させるものではないが，顧客奪取行為を行った従業員や役員
に精神的なプレッシャーを与え，事実上，新たな顧客奪取を差し止める効果が
期待できる。

(4) 裁判手続による民事上の差止請求と損害賠償請求

① 訴訟による差止請求

通知書の送付によっても，顧客奪取行為が継続する場合には，訴訟によって
顧客奪取行為の差止めを請求する方法が考えられる。

もっとも，民事訴訟は提訴から第一審の判決言渡しまでに平均約9か月の期
間を要するといわれているところ，民事訴訟の審理中に顧客奪取行為が終了し
てしまえば，差止めを求める対象となる顧客奪取行為が存在しなくなってしま
うため，請求は認められないという結論になってしまう。

したがって，顧客奪取行為の差止請求訴訟の提起という手段は存在するもの
の，実務的に採用されるケースは多くはない。ただし，顧客奪取行為を行って
いる相手方を牽制する目的で訴訟を提起する戦略も存在するため，どのような
対処方法を採るかは，個別の事案に応じて検討いただきたい。

② 訴訟による損害賠償請求

他方で損害賠償請求については，すでに発生した会社の損害について賠償請
求を行うものであるから，訴訟の審理期間中に顧客奪取行為が終了したとして
も，上記のような問題は生じない。ただし，損害賠償請求を行うためには，違
法な顧客奪取行為であることの証明を行う必要があるほか，会社に生じた損害
の証明も必要となってくる。

では，違法な顧客奪取行為が行われた場合，会社は顧客奪取行為を行った従
業員や役員に対して，具体的にどの範囲の損害賠償を請求できるか。

裁判所は，奪取された顧客から得られた利益につき一定期間を限度として，

相当因果関係がある損害として認定することが多い。事案によって判断は異なるが，違法な顧客奪取行為がなければ契約が継続できたであろう期間を6か月間として損害を算定した裁判例（東京地判H18.12.12（チェスコム秘書センター事件）），顧客奪取にあたり利用された情報が限定されていたことや契約を切り替えた顧客側のニーズなどから損害算定期間を2か月間に限定した裁判例（東京地判H23.6.15）などがある。

③　顧客奪取行為禁止の仮処分

　上記①の顧客奪取行為差止請求訴訟は裁判所の判決を取得するまでに期間を要するが，これに対して顧客奪取行為禁止の仮処分は民事保全処分の一種であり，申立てから決定まで数か月程度で実施できるため訴訟に比べると即効性がある手段であり，事案によっては利用を検討すべきである。

　特に，①顧客情報を不正競争防止法上の「営業秘密」として管理している場合，②誓約書や就業規則において顧客情報の利用を禁止している場合など予防策を講じている場合には，立証のハードルはかなり下がるため，差止請求の仮処分申立てを積極的に検討すべきであろう。

　これに対して予防策を講じていない場合には，仮処分手続においては証人尋問などが行われず提出できる証拠が限定されていることを踏まえて，違法な顧客奪取行為の立証可能性を吟味し，仮処分申立てを行うべきか否かについて慎重に検討する必要がある。

第3　設例への回答

　本章設例は，X社に長年勤続していた営業部長Yが，部下ら5名を引き抜いて同業他社を立ち上げ，X社在職中に担当していたX社取引先に営業をかけて顧客を奪ってしまったという事案である。X社はYに対して損害賠償請求や退職金の返還を求めたいと考えている。

　X社がYに対して採り得る措置や今後の予防策は，以下のとおりである。

　Y部長による従業員の引抜き行為が違法なものとして損害賠償請求可能か否かは，①転職した従業員の地位・人数，②従業員の転職が会社に及ぼす影響，③転職の勧誘に用いた方法（秘密性，計画性等），④転職した従業員の転職の理由・動機等を総合的に考慮して，違法性の有無を判断することとなる。

　仮に引抜き行為が違法である場合には，引抜きの対象となった5名の従業員が獲得できたであろう利益または奪取された顧客からの利益につき，相当期間に限定した金額の損害賠償請求が可能である。

　Y部長に支払った退職金の返還請求ができるか否かについては，引抜き行為が違法であることに加え，会社の就業規則等に退職金不支給に関する規定があり，退職金を不支給とすることが合理的である場合には，返還請求が可能である。

　従業員の引抜き，顧客奪取行為に対する予防策としては，①顧客情報を不正競争防止法の「営業秘密」として管理する方法，②個々の従業員や役員から引抜きおよび顧客情報の利用をしない旨の誓約書を取得する方法，③就業規則により引抜きおよび顧客情報の利用を禁止する方法が考えられる。

第 **4** 章

退職前・退職時
の事情に基づく
紛争リスク

第1 ┃ 解雇無効による紛争リスク

設　例

> 　Ｘ社では新たな営業担当としてＹを中途採用したが，実際に働き始めたところ，Ｙには採用面接時に本人が述べていたようなスキルが全くないことがわかった。また，遅刻を繰り返すなど勤務態度にも目に余るものがあったため，Ｘ社はＹを採用後半年で解雇した。
>
> 　しかし，その３か月後，Ｘ社のもとに突然Ｙからの訴状が届いた。その内容は，Ｙの解雇が無効であることを前提に，今も従業員であることの確認と，解雇前と同様の給与の支払を求めるものであった。

1　はじめに

　退職リスクの１つとして，退職事由を原因とするトラブルが挙げられる。その１つが，従業員を解雇した後に従業員が解雇の有効性を争い，結果として解雇が無効となった場合のリスクである。

　経験上，多くの会社が解雇に伴うリスクを正確に理解されていないため，本書をお読みになられた会社担当者の方々にはぜひ解雇に伴うリスクを把握いただいた上で，解雇の要件を満たしているのかをよく検討いただき，解雇の是非および次善策等を検討いただきたい。

2　解雇の種類

　前提として解雇の種類について説明する。「解雇」とは，使用者による労働契約の解約であるが，【図表４－１】の３つの種類に大別される。

【図表4－1】解雇の種類

解雇	労働者側の事由による解雇	普通解雇
		懲戒解雇
	使用者側の事由による解雇	整理解雇

(1)　普通解雇

　普通解雇とは，労働契約を継続できない諸般の事由に基づいて使用者が行う解雇である。

(2)　懲戒解雇

　懲戒解雇とは，従業員が企業秩序違反を犯した場合にこれに対する制裁として行う懲戒処分のうち最も重い懲戒処分として行う解雇である。

(3)　整理解雇

　整理解雇とは，会社の経営上の都合に基づいて行う解雇である。

3　解雇の要件

　解雇の要件は，上記2の解雇の種類ごとに異なるため，以下各種類ごとに要件を説明する。

(1)　普通解雇の要件

　民法上は，期間の定めのない雇用契約について，使用者（会社）はいつでも解約の申入れ（＝解雇）をすることができ，解雇にあたって要件は必要とされていない（同法627条1項）。

　もっとも，使用者が自由に労働者を解雇できるとした場合，労働者の生活に重大な影響を及ぼすことになるため，最高裁判所は，解雇権の行使が客観的に合理的な理由を欠き，社会通念上相当として是認することができない場合には，権利の濫用として無効になるとした（最判S50.4.25）。これがいわゆる「解雇権

濫用法理」であり，裁判所は解雇権濫用法理に基づき，解雇の有効性を判断してきた。

そして，解雇権濫用法理は，平成15（2003）年の労働基準法改正により，旧労働基準法18条の2に「解雇は，客観的に合理的な理由を欠き，社会通念上相当であると認められない場合は，その権利を濫用したものとして，無効とする」と明文化され，平成19（2007）年の労働契約法の成立により，同規定は労働契約法16条に移設されることになった。

したがって，現在では，労働契約法16条が解雇権濫用法理を規定しており，解雇が同法に反して無効となるか否かが争われることになっている。

では具体的にいかなる場合に解雇権が濫用されたものと評価されるのか，逆にいえばどのような事由があれば解雇が有効になるのか。この点については，後記4で説明したい。

(2)　懲戒解雇の要件

懲戒処分が有効となるためには，①懲戒事由および懲戒の種類が就業規則に規定されていること，②規定に該当する懲戒事由が存在すること，③懲戒処分に際して弁明の機会の付与等の適正手続が実施されていること，④懲戒処分に合理的理由があり，懲戒処分が社会的に相当であること（労働契約法15条）が必要である。

懲戒解雇は懲戒処分の一種であるため，当然ながら上記各要件が必要となる上，最も重い懲戒処分であることから，④の要件は極めて厳格に判断されている。具体的にいかなるケースで懲戒解雇が可能であるのか，本書では詳述しないが，一般論としては，①業務上の地位を利用した犯罪行為が行われた場合（経理職員による横領など），②会社の名誉を著しく毀損する重大な犯罪行為が行われた場合（殺人，強盗，強姦等），③重大な経歴詐称があった場合（業務に必要となる特定の資格の有無），④2週間以上の長期間の無断欠勤，⑤懲戒処分を受けたにもかかわらず同様の非違行為が繰り返される場合等に懲戒解雇が可能とされている。

(3)　整理解雇の要件

　整理解雇については，これまで多数の裁判例により，①人員削減の必要性，②解雇回避努力の有無，③被解雇者選定の合理性，④解雇手続の妥当性の4要件が必要であるとされ，いずれかの要件を欠く整理解雇は無効であるとして判例法理化されてきた。

　もっとも，平成8（1996）年頃より，東京地裁などで上記の①～④は解雇権濫用の判断にあたり考慮すべき要素にすぎず，必ずしも要件ではない（いずれかが欠けても解雇が有効となる場合がある）という判断枠組みが示され，近年では，当該考え方に従って整理解雇の有効性を判断する裁判例が趨勢を占めている。

　具体的にいかなるケースで上記4要素が存在するといえるのか，整理解雇が可能であるのかについては，本書で解説するところではないため，必要に応じて専門書等を参照いただきたい。

4　普通解雇にて問題となりやすい事案

　会社において，一番多く直面する解雇は「普通解雇」であろうと思われ，中でも多いと思われる勤務成績不良，心身の故障を理由とした解雇について，どのような場合に普通解雇が可能となるのか説明したい。

(1)　勤務成績不良，能力不足を理由とする普通解雇

　多くの会社では，就業規則において，解雇事由として勤務成績が著しく不良のとき，業務能力が著しく劣っているとき等を規定しているが，解雇権濫用法理による制限がある以上，これらに該当するからといって自由に解雇できるわけではない。

　まず，新卒採用の場合など，業務遂行にあたり，特定のスキル，能力を有していることを前提として採用されたわけではない場合には，勤務成績不良，能力不足を理由にいきなり解雇することは基本的には許されない。会社としては教育訓練が可能であるため，まずは教育訓練を行い，従業員の能力を向上させ

るよう会社が努力をしなければならない。また，本人の能力に見合った職務への配置転換が可能な場合にも，そのような配置転換を行い，会社は解雇を回避するための措置を尽くす必要がある。

　そのような措置を講じても，従業員の能力不足や勤務成績の不良が顕著であり，または従業員自身の勤務態度の問題があり，これを改めない場合などにはじめて解雇が可能となる。このような段階を踏んだ上で解雇する場合でも，仮に解雇無効を争われた場合に備えて，会社としては，教育訓練を実施したこと，教育訓練を実施したものの従業員の能力不足が具体的に改善しなかったこと等を立証できるよう記録を残しておく等の対策が必要である。

　他方で，中途採用等，従業員の有するスキル，能力，経験等に着目して賃金等の労働条件で優遇した上で労働契約を締結した場合において，従業員が期待された能力を発揮できないときには，比較的緩やかに解雇が認められている。会社は当該従業員が有するスキル，能力を求めて優遇した労働条件で労働契約を締結しているため，想定されたスキル，能力を発揮できなければ，雇用した意味がなくなってしまうからである。

　もっとも，この場合でも，労働契約において合意された職務遂行能力がどのようなものであったか，期待された業務成果の水準がどの程度のものであったか，勤務成績不良がどの程度のものであるか，勤務成績不良が本人の責任といえるか等が争点となってくるため，会社としては，労働契約の内容に職務遂行能力や業務成績に関する記載を盛り込む等して，これらの事実を立証するための証拠作りをしておくべきである。

⑵　傷病，心身の故障を理由とする普通解雇

　従業員に傷病や心身の故障があり，業務の遂行ができない場合，解雇できるだろうか。

　この点，多くの会社では就業規則において休職制度を定めている関係上，休職期間を経ずに解雇できるのかという問題が存在するが，そもそも休職制度は傷病で業務が遂行できない場合の解雇猶予措置であることから，原則としては

休職期間を経ない解雇は解雇権の濫用として無効となると考えられる。もっとも，将来にわたって回復の見込みがないことが明らかな場合には例外的に休職期間を経ない解雇も有効となる。

　次に，休職期間を経たものの，休職期間満了時に復職が困難な場合，その時点で従業員を解雇し，または休職期間の満了をもって退職したものと扱う就業規則の規定に基づいて退職させることの是非が問題となる。このような解雇の場合に争点となるのは，休職期間の満了時点において復職することが不可能であるか否かである。医師の判断によらざるを得ない場合が多いと思われ，会社としては就労可能であると判断した医師の診断書の提出を求め，または会社指定の産業医の受診を求めるなどして，復職の可能性を吟味する必要がある。

　また，休職期間満了時において，従前の業務への復職は不可能であるものの，軽易な作業は可能である場合には，会社としては解雇としてよいか，それとも軽易な作業への配置転換を行う必要があるのかという問題が生じる。労働契約において業務や職種限定がある場合には，もともとそれ以外への業務・職種への配置転換は予定されていないため，配置転換を行わず解雇しても原則的には解雇が有効とされる。他方で，業務や職種限定がない場合においては，裁判例は個々の事案に応じてケースバイケースで解雇の有効性を判断しており，会社としては，傷病の程度，配置転換の可能性等を踏まえてより慎重に解雇の是非を判断する必要がある。

5　解雇無効を争われた場合のリスク

　会社において従業員を解雇したものの，従業員が解雇は無効であると争った場合には会社にどのようなリスクが生じるか。

　従業員が解雇無効を主張する場合，①解雇は無効であることに基づき，自分はまだ会社従業員の地位にあることの確認を求める請求（従業員の地位確認請求），②解雇以降に支払われるべき賃金の支払請求，③解雇による精神的苦痛に対する慰謝料請求等を行うことが多い。

　仮に裁判において，解雇が無効と判断された場合，①従業員の地位確認請求

および②賃金支払請求は認容されることになる。③の慰謝料請求は，会社による解雇の相当性の判断に明白かつ重大な誤りがある場合にのみ認められると解釈されており，請求が認められる事案は限定的である。

　注意しなければいけないのは，②の賃金支払請求の金額が想像以上に多額になるケースがあるということである。解雇無効をめぐる紛争解決の段階としては，①交渉，②労働審判，③訴訟（労働審判や訴訟以外の紛争解決手続も存在するが割愛する）がそれぞれ存在するところ，③の訴訟は提訴から第一審判決まで平均1年弱の時間を要する。①の交渉に数か月，②の労働審判の手続に数か月を要した後に訴訟が提起された場合には，実に紛争が発生してから判決に至るまでに1年半程度の時間を要することとなり，この場合，判決において認められる賃金支払の金額は1年半分の賃金相当額となってしまうのである（正確には判決時までではなく，口頭弁論終結時までの賃金支払請求が認められる）。

　ただし，従業員が解雇以降に他社で働いて得た収入がある場合には，会社都合で従業員を休業させた場合に給与の60％以上の休業手当の支払を求める労働基準法26条の趣旨に従って，平均賃金の40％までは賃金額から控除できるため（最判S37.7.20），平均賃金60％相当を1年半分支払うということになる。

　したがって，紛争が長期化すればするほど，会社にとっては解雇が無効と判断された場合の賃金支払のリスクは大きくなる。

　解雇無効をめぐる紛争は，労働審判や訴訟において裁判所の主導により和解で解決することも多いが，仮に裁判所において解雇が無効であるという心証を持った場合には，会社が従業員に対して解決金として月額賃金の1年分以上を支払い，従業員が合意退職するという和解内容で解決することが多い。判決で解雇が無効とされた場合には，上述のとおり口頭弁論終結時までの賃金支払請求が認められ，さらに従業員を雇用し続けないとならないという負担が生じるため，会社としては，相当期間の賃金を支払ってでも退職してもらったほうが合理的であると判断し，他方で従業員としても会社に復職することは望まないケースが多く，解決金を支払ってもらって合意退職するという和解が成立しや

すいのである。

　判決による解決であれ，和解による解決であれ，会社は解雇が無効とされた場合には多大な負担を負うことになるため，そのようなリスクを把握した上で，具体的な事案において解雇事由が存在するのかを吟味した上で解雇を判断すべきであって，解雇事由が存在しない状況での安易な解雇を行うべきではない。

6　解雇無効によるリスクを軽減，回避する予防策

　それでは，解雇無効によるリスクを軽減，回避するために，会社としてはどのような予防策を採ることができるか。

　この点，①解雇無効を争われた場合でも勝訴できるように，用意周到に準備を行ってから解雇する方法，②退職勧奨を行い，解雇を行うのではなく従業員に退職してもらう方法が考えられる。

(1)　解雇無効を争われた場合でも勝訴できるように，用意周到に準備を行ってから解雇する方法

　従業員に解雇無効を争われた場合でも勝訴できるように，すなわち，解雇事由が存在することを立証できるように，解雇に至るまでに適正な段階を踏んで，各段階について記録に取っておくという方法である。

　例えば，勤務成績不良により解雇をしたい場合には，上司や所属長が，当該従業員に対して，具体的にいつまでに何をどのように業務改善すべきかについて注意指導を行い，これを記録に残し，業務改善が行われなかった場合には，再度具体的な注意指導を実施する等して，解雇が後に無効とならないような状況をできるだけ備えてから解雇するということである。

　具体的にどのような段階を踏めばよいかは事案ごとに異なり，そのような段階を踏むことが意味をなさない事案も存在するため，一概にこの方法によって解雇が無効となるリスクを免れるとはいえない。

　もっとも，適正な段階を踏んで，かつ，記録を残しておくということは勤務成績不良による普通解雇の場面に限定されず，広く解雇をめぐる紛争を予防す

る手段として極めて重要である。各解雇の要件についてはすでに述べたところであるが，従業員が解雇無効を主張した場合には，解雇の要件が存在することについては基本的には会社が証明責任を負っている。会社が証明責任を負っている事実について証明ができない場合，裁判所は当該事実がないものとして判断を行うことになる。例えば，真実は従業員のミスについて上司が注意指導を行っていたとしても，従業員において注意指導がなされた事実を否定した場合，会社が注意指導を行った事実について証明しなければならないが，注意指導を行ったことの証拠が存在せず，注意指導を行った事実を証明できない場合，注意指導が行われた事実はないものとして裁判が進行することになってしまうのである。

　したがって，会社としては，解雇に至るまでに会社が行うべきことをよく確認した上で，適正な段階を踏むとともに，各段階を踏んだことについて記録に残しておくということが予防策として重要となる。

(2)　退職勧奨による方法

　解雇事由が明らかに存在するケースでは，手続に則って解雇を実施すればよいが，解雇事由が存在するか否か明らかではないケースでは，解雇無効のリスクを考えると，解雇の実施に慎重にならざるを得ない。

　このような場合には特に退職勧奨による方法を検討すべきである。すなわち，解雇の要件が存在しない場合または存在するのか不透明である場合においても，退職勧奨を行い，従業員が任意に退職をすれば，「解雇」ではなくなるため，その後従業員が退職の有効性を争うことはできず，結果として解雇無効によるリスクを回避できるということになる。

　ただし，退職勧奨にも一定の限度があり，これを超えると違法と評価されることになるが（本章第2で解説する），当該問題を除けば，退職勧奨によって退職に至った場合には，解雇によるリスクはすべてなくなるため，会社にとっては非常に有用な方法である。

　上述のとおり解雇無効を争われた場合のリスクは非常に大きいため，解雇事

由が存在しない可能性が高く，それでも従業員に退職してもらいたい場合などには，月額賃金数か月分を上乗せして従業員に合意退職してもらうといった退職勧奨の進め方も考えられる。

第2 | 退職勧奨による紛争リスク

設　例

> 　X社は，従業員であるYが業務上ミスばかり起こすため，会社を辞めてほしいと考えた。しかし，Yには就業規則上，明確に解雇できる事由はないため，X社はYが何とか自ら退職に応じるよう毎日Yを呼び出し，数時間かけてYに退職を勧めた。1か月後，ようやくYは「わかりました」と述べ，退職届を提出して退職した。
>
> 　しかし，しばらくして，Yから「違法な退職勧奨により退職させられた」として，退職は無効であるとの書面が届いた。裁判でも退職勧奨の違法性が認められ，結局X社はYに対し，毎月の給与に加え，慰謝料まで支払う事態になってしまった。

1　はじめに

　退職勧奨とは，会社が従業員に退職を促すことであり，強制力は全くなく，退職勧奨に応じて退職するか否かはあくまで従業員の判断次第である。

　会社が，退職してもらいたい従業員に対して退職勧奨を行うこと自体は，何ら違法行為ではない。

　上述のとおり，従業員を解雇する場合には，従業員が解雇無効であると主張して紛争に発展するリスクがあるので，解雇の前にまたは解雇に代わる手段として退職勧奨を行い，合意により従業員に退職してもらうことは，リスク回避として非常に有用な手段である。

　もっとも，退職勧奨の方法によっては退職勧奨が違法となることもあるため，実施方法については注意を要する。

2　退職勧奨が違法とされた裁判例

　退職勧奨を行う場合，どのような点に注意しなければならないのかについて，裁判例を挙げて説明したい。

(1)　長時間，多数回にわたる退職勧奨

> ①　全日空事件判決（大阪地判H11.10.18）は，上司５名が従業員に対して，約４か月間にわたり，30回以上の面談を行い，中には８時間もの長時間にわたる面談があり，面談時に「寄生虫」「他の乗務員に迷惑」等の発言や大声を出す，机をたたく等の行為があった事案について，退職勧奨の頻度，面談時間の長さ，言動は，許容できる範囲を超えており，違法な退職勧奨として不法行為の成立を認め，慰謝料90万円の支払を命じた。
>
> ②　エールフランス事件判決（東京高判H8.3.27）は，管理職が従業員に対して執拗に希望退職に応じるよう要請し，希望退職期間が経過した後は，暴力行為，嫌がらせ行為，実質業務を与えない等の仕事差別を行った事案について，これらの行為が不法行為を構成するとして，会社と職場の上司らの双方に慰謝料300万円の支払を命じた。

　以上が，退職勧奨を違法と認定した著名な裁判例である。その他裁判例を含めて検討すると，退職勧奨の頻度，回数，発言内容等はもちろん違法性判断の要素となるが，退職勧奨に対して従業員が明確に拒否しているか否かも違法性判断の重要なメルクマールとなっているように思われる。会社としては，退職勧奨の頻度，回数，面談における発言内容に注意するほか，従業員が退職勧奨に対して退職しないとの明確な意思を示した場合にはそれ以降退職勧奨を行わないといった配慮が必要であろう。

(2)　従業員による退職の意思表示に瑕疵がある場合

　退職の意思表示の瑕疵とは，例えば，従業員が上司の事実に反する説明により錯誤に陥り，これによって退職の意思表示を行った場合，退職勧奨にあたり

強迫があり，従業員がこれにより畏怖して退職の意思表示を行った場合等であり，このような場合，従業員は退職の意思表示を取り消すことができる（民法95条1項，96条1項）。

> ①　昭和電線電纜事件判決（横浜地川崎支判H16.5.28）は，退職勧奨にあたり，自ら退職しなければ，勤務成績不良により解雇する旨の発言があり，従業員が退職に応じたという事案について，本件では解雇理由が存在しないにもかかわらず，従業員は退職勧奨に応じなければ解雇されると誤信した結果，合意退職の意思表示を行ったものと認定し，意思表示に錯誤があり退職合意は無効であるとした。
> ※　民法改正前であるため，この当時は錯誤無効である。
> ②　ニシムラ事件決定（大阪地決S61.10.17）は，来客用のお茶やインスタントコーヒーを従業員が飲んだことについて，会社が従業員に対して「100円でも横領だ，責任取れ，告訴や懲戒解雇ということになれば困るだろう。任意に退職するなら次の就職先からの問い合わせや社員達には家庭の事情で辞めたことにしてやる」など述べて退職届を提出させた事案について，懲戒解雇や告訴が権利濫用となる場合に，懲戒解雇や告訴のあった場合の不利益を説明して退職届を提出させることは労働者を畏怖させるに足りる強迫行為であるとして，退職の意思表示の取消を認めた。

　これらの裁判例を踏まえると，解雇事由が存在しないにもかかわらず，会社があたかも解雇できるかのような説明を行い，従業員に退職届を提出させた場合，従業員の意思表示に錯誤や強迫があるものとして，退職届が無効と判断されるリスクがあることがわかる。そして，退職届が無効と判断された場合は，解雇無効の場合と同様に，会社は従業員を復職させた上で，退職以降の賃金を遡って支払わなければならないこととなり，非常に大きな損失となる。

　したがって，会社としては，退職勧奨を行う際に，「退職届を出さなかったら解雇する」等の発言を行うことがないよう十分注意すべきである。

3　退職勧奨を進める上でのその他の注意点

　以上のとおり，裁判例から，①長時間，多数回にわたる退職勧奨を避ける，

②従業員が退職勧奨に応じないとの明確な意思を示した場合にはそれ以降退職勧奨を行わない，③「退職しない場合には解雇する」という発言を行わないという教訓が導かれる。

　その他，一般論として退職勧奨を進める上での注意点を以下に述べる。

⑴　従業員の批判に終始しない

　会社としては従業員に退職してもらいたいという意向があるため，どうしても従業員に対する批判を主たる内容として退職勧奨を進めがちである。しかし，退職勧奨を受ける側の従業員も人間である以上，どうしても自分自身に対する批判を受けるとこれに対して反抗する気持ちが生じてしまい，これが原因で必要以上に退職勧奨に反発して，交渉がうまく進まないということになりかねない。

　そこで，会社としては，従業員を批判するのではなく，会社の業務内容や会社の雰囲気に従業員がミスマッチである，会社の求めるレベルの業務をこなしていくには従業員の負担が大きいなど従業員のために転職したほうがよいのではないかという視点で話を進めるとよいだろう。

⑵　即時の回答を求めない

　会社は，退職勧奨を行った際に，従業員に対し即時の回答を求めがちであるが，強迫的な面談と評価されるおそれがあるのと，上記⑴で説明したのと同様に従業員の反発を招きかねないので，従業員に退職方向で検討する意向が見られないようであれば，即時の回答を求めず，検討期間を設けるべきである。

　特に，会社を退職するか否かは従業員にとってはその後の生活，人生に関わる重大事なのであるから，少なくとも1週間程度の検討期間を設けて，次回面談日程を決めるなどして交渉を継続すべきである。

⑶　相応の条件を提示する

　前述のとおり，退職勧奨によって退職が実現した場合には，解雇によるリス

クが一切なくなるため会社にとっては非常に大きなメリットがある。そこで，会社としては従業員が退職勧奨に応じるように，相応の条件を提示すべきケースも多いと思われる。従業員に有利な条件を提示する場合には，従業員が在職中に転職活動ができるように退職時期を数か月後とする，退職時に月額給与の数か月分を上乗せ支給する等の条件を提示することが多い。会社としては，従業員の反応を見ながら，ケースバイケースで柔軟に付加的な条件を検討，提示すべきである。

　なお，退職勧奨によって従業員が退職した場合は，基本的には雇用保険手続上，会社都合退職として特定受給資格者に該当することとなり，従業員は自己都合退職に比べ，有利な条件で失業手当を受給できることになる。

　他方で，会社が雇用関係助成金を受給している場合には，退職者が特定受給資格者に該当すると助成金が受給できなくなってしまうというデメリットがあるため，従業員と交渉して付加的な支払を行う代わりに自己都合退職にしてもらう等の調整を検討する必要がある。

⑷　退職届または退職合意書を作成する

　退職合意書を作成する場合には，秘密情報の不使用や必要に応じて競業避止義務等の条項を設定しておくと，退職後のトラブル防止，会社の利益確保につながるのでお勧めしたい。各条項の解説については本書該当の各章を，退職合意書の条項例については巻末の書式集をご参照いただきたい。

第3 | 未払残業代の請求リスク

設 例

　X社では，就業規則上，就業時間は9時から17時までとされているが，
Yを含め多くの従業員は毎日20時頃まで勤務している。しかし，残業の
申請をすると怒られるため，従業員は残業申請をせずに残業をしており，
これまで残業代が支払われたこともない。

　YはX社に5年ほど勤めていたが，自らの希望により退職した。その後
しばらくして，X社にYから過去2年分の残業代を払えとの書面が届いた。
X社は直ちにこれを支払ったが，Yから話を聞いた他の退職者数人からも
同様の書面が届き，X社は一度に高額な残業代の支払を余儀なくされる事
態になってしまった。

1　未払残業代請求

⑴　未払残業代請求とは

　未払残業代請求とは，従業員による過去の時間外労働に対する未払賃金の請
求をいう。

　未払残業代請求は，現に在籍している従業員によっても行われることがある
が，一般的にはいわゆるサービス残業を行っていた従業員が退職する場合に付
随して，または退職後に行われることが多い。そのため，未払残業代請求は退
職と密接に関連するものであるといえる。

　以下では，そもそも未払残業代請求の法的根拠は何であるのか，また未払残
業代請求の際に用いられる裁判手続，また，会社として考えられる反論等を中
心に，未払残業代請求の概要について紹介する。

(2)　未払残業代請求の法的根拠

　未払残業代請求の法的根拠は，労働契約に基づく賃金請求権である。

　会社は，従業員が時間外労働を行った場合には通常の賃金とともに割増賃金を支払う義務がある（労働基準法37条）。

　割増賃金とは，労働基準法が定める「1日の実労働時間が8時間または1週間40時間を超えた場合」，「1週1日又は4週4日の休日に労働させた場合」および「午後10時から午前5時までの深夜に労働させた場合」（以下，合わせて「時間外労働等」という）に，その超過労働時間等の対価として通常の賃金に割り増し加算して支払われる賃金をいう。なお，それぞれの場合に必要な割増賃金の割増率は，【図表4－2】のとおりである。

【図表4－2】割増賃金の割増率

	適用対象	割増率
時間外労働	1日8時間，または週40時間を超える労働時間[1]	1.25倍
法定休日労働	1週1日または4週4日の休日（法定休日）の労働時間	1.35倍
深夜労働	午後10時から午前5時の労働時間	1.25倍
時間外労働＋深夜労働	時間外労働＋深夜労働の労働時間	1.5倍
法定休日労働＋深夜労働	法定休日労働＋深夜労働の労働時間	1.6倍

　このように，例えば1日8時間，または週40時間を超える時間外労働に対しては，割増率25％以上の割増賃金を支払う必要があり，会社がこの支払を怠っていた場合には，労働者に対し未払残業代として支払義務を負うこととなる。

　会社が割増賃金を支払わない場合で悪質な事案であると判断された場合には，

1　ただし，大企業については，月60時間を超える労働時間の割増率は1.5倍である。中小企業についても，2023年4月より働き方改革関連法に基づき割増率は1.5倍となる。

労働基準監督署からの是正勧告・送検の可能性もある。また，労働基準法では，会社が未払残業代を支払わない場合に，労働者からの請求によって，裁判所が会社に対し付加金の支払を命じることができるという制度が定められている（同法114条）。この付加金とは，裁判所の判断により支払を命じることのできる一種の制裁金であり，その金額は未払金と同一額である。すなわち，事案によっては，会社は本来の未払残業代のみならず，付加金を合わせた額，すなわち未払残業代の2倍の金額を支払わなければならなくなるのである。

　なお，未払残業代の支払請求権にも消滅時効の適用がある。2020年4月1日以降に生じた未払残業代の消滅時効期間は，当面の間，請求権を行使できるときから3年（退職金については5年）とされている。これに対し，2020年4月1日より前に生じた未払残業代の消滅時効期間は，改正前労働基準法の適用により，2年である。

　会社が未払残業代を請求された場合には，まずは落ち着いてその範囲を確認し，消滅時効期間が経過した部分の残業代までが請求の対象になっていないかを検討する必要がある。

コラム🔍 一般的な未払残業代請求の流れ

　退職した従業員から未払残業代を請求される場合，最初から裁判を起こされるというケースは少なく，その前に退職従業員が依頼した代理人弁護士から内容証明郵便による通知書が会社に届くことが一般的である。これは，裁判手続となると一般的に弁護士費用がかさむことや早期解決が難しくなること，現に未払残業代が発生している場合には会社として支払を免れるための対抗策に乏しく，通知書に応じて早期に任意の支払を行うことも多いためである。

　このとき通知書の内容には大きく2種類あり，①未払残業代請求を検討しているが従業員にタイムカード等の勤務時間に関する資料がないとして，その提出を求めるもの，②従業員の手持ち資料に基づいて計算した具体的な未払残業代の請求を行うものがある。①に対応して会社がタイムカードや出勤簿等を提出した場合，その後正式に②の請求が行われることとなる。他方で，これらの資料の提出を拒否したとしても，その後裁判手続に持ち込まれれば，いずれにしろ出さざるを得ない状況になることが多く，むしろ任意に提出しなかったことが裁判所の心証を悪くする可能性もあるため，合理的理由もなく拒否することは避けたほうがよい。

　通知書には「本書面到達の日から10日以内に上記金額を支払え」などと書いてあることが多く，受領した会社としては慌ててしまうことが多いが，当該支払期限までに支払わないと必ずしもすぐに資産を差し押さえられるようなものではない。まずは「事実を確認の上，追って回答します」などの回答をしておき，速やかに弁護士に相談するなどの対応を行うことをお勧めする。

(3)　未払残業代を請求する場合の裁判手続

　裁判により未払残業代の請求が行われる場合，一般的には労働審判と民事訴訟のいずれかの手続によることとなる。どちらを選択するかは未払残業代を請

求する側の任意となるが，労働審判が用いられることが多い。労働審判は原則として3回以内の期日で終結し，迅速かつ柔軟な解決が可能となるためである。

労働審判には，以下のような特徴がある。

- 裁判官の他に使用者側・労働者側の労働審判員が入って3名で判断する。
- 原則として3回以内の期日で判断される。
- 法廷ではなく労働審判専用の部屋で，非公開で行われる。
- 主張については書面のやりとりに加え，口頭でのやりとりも重視される。
- 話し合いで合意できない場合は，判決ではなく労働審判が言い渡される。
- 労働審判に不服の場合，異議を申し立てることによって民事訴訟に移行する。
- 話し合いによる和解で終了することが多い手続である。

この手続で言い渡された労働審判に対して当事者から異議の申立てがあれば，労働審判はその効力を失い，民事訴訟に移行することになる。民事訴訟は労働審判とは異なり，書面による主張立証を繰り返し，必要に応じて尋問を行った上で判決が下されることとなるため，解決まで1年以上の長期を要することも稀ではない。

(4)　未払残業代請求における主な争点

未払残業代請求に対しては，会社から以下のような反論がなされることが多く，その場合，労働審判や民事訴訟での主要な争点となるため，簡潔に紹介する。

① 未払残業代の基礎となる労働時間と実際の労働時間との相違

支払われるべき残業代を算出する上では，基礎賃金，割増率，労働時間の3つが問題となるが，このうちの労働時間の正確性を争うものであり，実務上非常に多い反論であるといえる。

具体的には，(i)タイムカードなどの客観的な資料がない場合に，労働者が主張している出勤・退勤時間が実態と異なる，(ii)労働者の主張している時間は労働基準法上労働時間とは認められていない時間が含まれている，などの反論で

ある。

　このような未払残業代の基礎となる労働時間についての争いを避けるために，会社としては，タイムカード等できちんと勤怠管理をしておくこと，また，残業は事前申請制にする，業務もないのに会社に残っている従業員がいれば退社を促すなどの工夫をすることが重要である。

②　管理監督者の該当性

　労働基準法41条2号は，「監督若しくは管理の地位にある者」（いわゆる管理監督者）について，同法上の労働時間，休憩および休日に関する規定の適用を除外している。そのため，労働者が管理監督者に該当する場合には，会社はその旨を主張して，未払残業代の支払義務を免れることができる。

　ただし，管理監督者に該当するかどうかは，「部長」「店長」など一般に「管理職」といわれる役職名や肩書があるかという点から形式的に判断されるのではなく，実体として「管理監督者」といえるかどうかという観点から判断されることになる。具体的には(i)当該者の地位，職務内容，責任と権限からみて，労働条件の決定その他労務管理について経営者と一体的な立場にあること，(ii)勤務態様，特に自己の出退勤をはじめとする労働時間について裁量権を有していること，(iii)一般の従業員に比してその地位と権限にふさわしい賃金（基本給，手当，賞与）上の処遇を与えられていることなどが考慮される。

　名目上は管理監督者であるため残業代は発生しないと考え，会社が自由に残業をさせていた従業員が，退職後に「実体としては管理監督者ではなかった」として高額な残業代を請求してくるというケースも散見される。会社としては，前述の管理監督者の判断要素を踏まえ，「名ばかり管理職」に該当する従業員がいないかを定期的に確認すべきである。

③　みなし残業代制度

　時間外手当に対応するものとして，定額のみなし残業代を支給しているとの主張である。近年，みなし残業代制度を導入している会社も増えてきており，

実務上多い反論となっている。もっとも，みなし残業代という名目で手当を支給していればそれで済むわけではなく，判例上は(i)明確区分性（通常の労働時間の賃金に当たる部分と同条の定める割増賃金に当たる部分との判別が可能であること），(ii)対価性（通常の労働時間に対する賃金と区別された手当が，時間外労働の対価であると認められること），(iii)割増賃金に当たるとされた部分が労働基準法37条等による方法で算出する割増賃金の額を下回らないこと，などの事由を満たさない場合には有効な残業代として認められていない（最判H25.3.8（テックジャパン事件），最判H30.7.19（日本ケミカル事件）など）。

　これらの要件は比較的厳格に判断される傾向にあるため，みなし残業代制度を設けている会社は，有効な残業代として認められる制度になっているか，弁護士に一度確認することをお勧めしたい。

＊　　＊　　＊

　以上，代表的な争点を紹介したが，未払残業代請求にはその他にも様々な論点や反論できるポイントが存在するため，実際に請求を受けた場合にはより深い検討が必要となる。

第4 | 労働組合（ユニオン）との交渉リスク

設　例

X社は，今年に入り売上が大幅に低下したことから，人件費を削減すべくY1，Y2，Y3の3名を整理解雇した。しかし，ある日突然，X社に労働組合の責任者を名乗る者が訪れ，Yら3名が労働組合に加入したとの通知書，解雇を撤回しろとの要求書を突き付けた。また，解雇の撤回について話し合うべく団体交渉を求められている。

1　はじめに

　労働組合とは，労働者が主体となって自主的に労働条件の維持・改善や経済的地位の向上を目的として組織する団体，すなわち，労働者が団結して，賃金や労働時間などの労働条件の改善を図るためにつくる団体をいう。労働者が団結する権利は，憲法28条によって保障されている。

　そして，ユニオン（合同労組）とは，労働組合の一種で，企業別労働組合が組織されていない中小企業の労働者や企業別組合から排除された労働者などを一定地域ごとに組織している労働組合をいう。昨今，次々に新しいユニオンが誕生しているところ，組合の規模や態様は多様であり，産業別組合，職種別組合，一般労働組合の形態がある。

　会社が従業員を解雇した場合や何らかのトラブルを抱えて退職した場合など，退職した従業員がユニオンに相談・加入し，会社に突如としてユニオンから団体交渉の申入れがあることがある。このような意味で，ユニオンとの交渉は従業員の退職にまつわるリスクの1つといえるため，以下，解説する。

2　ユニオンの特徴

企業別組合と異なり，ユニオンは概ね以下のような特徴を有する。

- 中小企業の労働者の加入が多い。
- 1人でも加入できる。
- 労働者であれば雇用形態に関係なく加入できる。
- 一定の地域を活動の対象としている。
- 労働条件の改善というよりは，組合員の解雇や未払賃金などの個別的な労働紛争を団体交渉の主要な活動とする。

以上のような特徴から，ユニオンはある特定の問題のみに関与する労働組合であり，その団体交渉において一定の成果を出そうとする。会社との関係も継続的ではなく，その問題限りであるため，関係が悪化することも気にせず，過激な対応になることもある。ユニオンとの交渉を行う上で，まずこれらを認識する必要がある。

3　ユニオンとの交渉の流れ

ユニオンから団体交渉を求められた場合の大まかな流れは【図表4-3】のようになる。

【図表4-3】ユニオンとの交渉の流れ

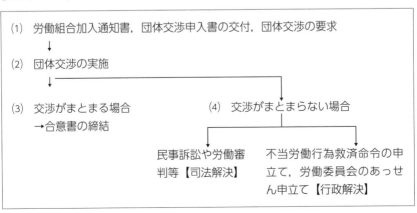

(1)　労働組合加入通知書，団体交渉申入書の交付，団体交渉の要求
　　↓
(2)　団体交渉の実施
　　↓
(3)　交渉がまとまる場合　　　　　(4)　交渉がまとまらない場合
　　→合意書の締結

民事訴訟や労働審判等【司法解決】　　不当労働行為救済命令の申立て，労働委員会のあっせん申立て【行政解決】

⑴　労働組合加入通知書，団体交渉申入書の交付，団体交渉の要求

　企業別組合からの団体交渉の申入れは，その申入れがいつ頃ありそうか，どのような内容の申入れなのか等について，企業側が予想することが可能であることが多い。これに対し，ユニオンからの団体交渉の申入れは，ほとんどの場合，企業側が予想をすることができず，不意打ち的になされる。ある日突然会社に見知らぬ人が何人も押しかけ，一方的に労働組合加入通知書と団体交渉申入書を渡されることもある。

　このようなユニオンからの突然の団体交渉の申入れがあった場合，会社としてはまずは落ち着くことが重要である。驚きのあまりすぐに要求を受け入れてしまう会社もあるが，まずは会社内の担当者を決め，冷静に交渉事項の検討を行う。必要に応じて，弁護士に相談し，弁護士を交えて交渉に臨むことも検討すべきである。

　ユニオンからの適法な団体交渉の申入れを拒否することは基本的にできないと考えてよい。会社には団体交渉応諾義務があり，団体交渉を拒否し続けると，その拒否自体が労働組合法7条2号の「使用者が雇用する労働者の代表者と団体交渉をすることを正当な理由がなくて拒むこと」に該当し，労働組合法が禁止する「不当労働行為」となるためである。不当労働行為に対しては，不当労働行為救済命令申立て（労働組合法27条以下）が可能となる。もっとも，会社の団体交渉応諾義務は，団体交渉を誠実に行わなければならない義務であって，ユニオンの要求を受け入れなければならないという義務ではない。そのため，会社は可能な範囲で誠実に対応すれば足りるのである。

⑵　団体交渉の実施

　団体交渉では，ユニオンの要求について，会社側とユニオン側とで話し合いを行うことになる。

　ユニオンとの団体交渉は，1回で終わることはまずないと考えてよい。議論が紛糾することもあるし，互いに次回までに解決案を持ち帰り検討するなど，複数回の交渉が必要となることが多い。また，会社には誠実交渉義務があるた

め，形式的に1回の交渉を行って打切りにするということは原則として許されない。

　しかし，団体交渉を何回も重ねても話し合いが前進しないなど，会社としては団体交渉を終わりにしたいと考える場合もあるであろう。この点について，何回交渉すれば誠実交渉義務違反にならないという基準が具体的にあるわけではないが，判例では，労使双方が議題についてそれぞれ自己の主張・提案・説明を出し尽くし，これ以上交渉を重ねても進展したり，いずれかが譲歩したり，新たな提案をしたりする見込みがない段階に至った場合には，その時点において会社が交渉を打ち切ったとしても，誠実交渉義務違反の責任を問われることはないと判示されている（最判H4.2.14（池田電器事件））。

　交渉により合意が成立した場合には，合意書等を締結した上で団体交渉は終了する。

コラム🔍 **団体交渉の留意点**

　はじめてユニオンと団体交渉を行う際には，ユニオンの攻撃的な言動やその雰囲気に驚き，不合理な要求を受け入れてしまうことも少なくない。ユニオンとの団体交渉にあたっては，以下のような点に注意が必要である。

①　雰囲気に飲まれないこと

　ユニオンは企業別組合と異なり，会社との関係悪化を考える必要がないため，団体交渉では，大声で怒鳴る，机をたたくなどの高圧的な態度で要求を飲ませようとすることもある。この雰囲気に飲まれて安易に要求に応じることがユニオンの狙いであるため，会社は毅然とした態度で交渉に臨む必要がある。

②　交渉経過を録音すること

　ユニオンとの交渉経過を録音することは必須である。後々「言った，言わない」という不毛な議論になることを避ける意味のほかに，団体交渉が決裂した場合に会社として誠実に団体交渉に応じていたことを立証する手段ともなるためである。録音はユニオンの許可を求める必要もないが，もしユニオンから録音について聞かれた場合には，録音をしている旨を堂々と回答する。また，ユニオンから録音の開示を求められたとしても，録音は各自の記録のための録音であるので，開示に応じる必要はない。

③　余計なことを答えないこと

　ユニオンが会社側の説明の揚げ足をとり，執着し，本来の要求事項とは関係がない点を突いて優位な地位を確立しようとする場合がある。そのため，会社としては聞かれたことのみについて回答し，余計なことまで回答しないという態度は重要である。ユニオンとの交渉は時に議論となり，言い合いになることがあるが，冷静に，聞かれたことに応える辛抱強さが会社には求められる。

　また，ユニオンから情報や資料を開示するよう要求されることがある。誠実交渉義務を果たすためには，一切の資料を開示しな

> いということは難しいが，必要最小限度の資料を開示すれば足り
> るため，余計な情報を与え，揚げ足を取られないように留意すべ
> きである。

(3)　交渉がまとまらない場合

　双方が誠実に団体交渉を行ったにもかかわらず交渉がまとまらず合意が締結
できない場合，最終的に団体交渉は終了し，その後は①司法解決や②行政解決
という手段のいずれかにより解決が図られることとなる。

　司法解決とは，すなわち裁判の提起であり，多くは労働審判または民事訴訟
によることとなる。行政解決とは，準司法的手続である不当労働行為救済命令
や，労働委員会を介して協議を継続していくことを前提としたあっせんなどの
申立てである。不当労働行為救済命令申立ての審理は裁判所における審理手続
と似ており，会社としては訴訟と同程度の負担が生じることとなる。

　会社としては，団体交渉がまとまらない場合にもその後の各種手続があるこ
とを想定し，団体交渉に臨む必要がある。

第5 | 退職代行サービスを通じた退職申入れによるリスク

設　例

> 　X社では，従業員であるYが始業時間になっても会社に出勤せず，どうしたのかと思っていたところ，同日，Yの代理を名乗るA社から，「Yは今月末をもって退職する，それまでは有給休暇を取得するので今後一切出勤しない」との書面が届いた。Yに電話しても，全く連絡が取れない状態である。
>
> 　X社としてはYの退職を受け入れなければならないのか，引継ぎなどをどこにどのように指示すればよいのかわからず途方にくれている。

1　はじめに

　近年急増しているサービスとして「退職代行サービス」がある。退職代行とは，従業員の退職を代行する業務のことである。ある日突然，会社に対して弁護士または退職代行サービスを名乗る業者から電話があり，または内容証明郵便などが届き，特定の従業員が退職を希望していることから退職の意思表示をするとの連絡が入ることとなる。

　「退職代行」という名称は比較的新しい用語と考えられるが，このような退職の申入れやこれに伴う事務手続を弁護士が代理することは，昔からあった。それにもかかわらず近年退職代行サービスが急増している理由は，「退職したいが直接退職意思を伝えるのは気まずい」と考える従業員の需要を掘り起こし，弁護士資格のない業者が参入して退職代行サービスというわかりやすい名称をつけ，広告等も大々的に行い，比較的低廉な金額でのサービスが出現したことにあると考えられる。

2　退職代行サービスから連絡があった場合の会社対応の流れ

　退職代行サービスを通じて従業員の退職の申入れが行われた場合に会社の採るべき対応の流れは，概ね【図表4－4】のとおりである。

【図表4－4】退職代行サービスから退職の申入れが行われた場合の対応の流れ

> (1)　退職代行業者や弁護士からの退職に関する意思表示の通知
> 　　　↓
> (2)　・退職代行業者の行為が弁護士法に違反していないか。
> 　　　・退職にあたり会社から要請すべき事項はないか（引継ぎなど）
> 　　　などの確認・検討を行う。
> 　　　↓
> (3)　退職代行業者等への連絡，必要に応じて話し合い
> 　　　↓
> (4)　退職手続

(1)　退職代行業者または弁護士からの退職に関する意思表示

　まず，退職代行業者または弁護士からの連絡により，会社は退職を希望している従業員の存在を把握することになる。退職の意思表示の方法は法律上特段規定がないため，書面であっても口頭であっても有効である。

　前提として，従業員には退職をする自由があるため，会社が従業員の退職を拒否することはできない。期間の定めのない従業員である場合，民法627条1項は「当事者が雇用の期間を定めなかったときは，各当事者は，いつでも解約の申入れをすることができる。この場合において，雇用は，解約の申入れの日から2週間を経過することによって終了する」と規定しており，たとえ会社として納得できないとしても，法律上は意思表示が到達してから2週間で労働契約解約の効果が生じることとなる。

(2)　弁護士法違反の該当性の検討

　退職代行の連絡は突如口頭や書面で行われるが，まず検討すべきは当該連絡
や申入れの内容が弁護士法に違反するものではないかを確認することである。
弁護士以外の者からの連絡である場合には，以下のとおり，弁護士法72条に違
反している可能性がある。

【弁護士法72条（非弁護士の法律事務の取扱い等の禁止）】
　弁護士又は弁護士法人でない者は，報酬を得る目的で訴訟事件，非訟事件及び
審査請求，再調査の請求，再審査請求等行政庁に対する不服申立事件その他一般
の法律事件に関して鑑定，代理，仲裁若しくは和解その他の法律事務を取り扱い，
又はこれらの周旋をすることを業とすることができない。ただし，この法律又は
他の法律に別段の定めがある場合は，この限りでない。

　すなわち，弁護士ではない者が「報酬を得る目的で」「業務として」「法律事
務」を行った場合には，弁護士法72条に禁止される非弁行為となる可能性があ
る。弁護士以外の者が非弁行為を行った場合，2年以下の懲役または300万円
以下の罰金刑が適用されることとなる（弁護士法77条）。

　問題となるのは「法律事務」に退職代行業務が含まれるかどうかであり，少
なくとも金銭支払条件や退職日の決定などについて何らかの代理交渉を行うも
のは「法律事務」に該当し，非弁行為となると考えられている。

　退職代行サービスは比較的新しいサービスであるため，現時点で判例が確立
しておらず非弁行為に該当するかどうかの判断は難しいところであるが，もし
退職意思の連絡を行ってきた者が弁護士以外の業者であり，明らかに交渉に当
たるような内容を述べてきた場合には，非弁行為である疑いがあることを指摘
し，従業員本人からまたは弁護士を通じて連絡をするよう伝える対応もあり得
るところである。

(3)　退職にあたり会社から要請すべき事項はないか（引継ぎなど）の検討

　退職者が退職代行サービスを利用する場合，退職代行業者等から会社に連絡

を行った翌日から，有給休暇を消化するなどして従業員が一切出社しなくなることも多い。このような場合，会社としては，次の業務担当者に円滑な引継ぎができなかったり，貸与パソコンなどの会社の備品返却その他の事務手続について直接指示することが難しくなったりするなど，不利益を被ることになる。

　そこで，退職日までに会社から退職者に要請すべき事項を確認し，退職代行業者等に伝える必要がある。退職代行業者等からこれを拒否する回答が届いた場合には，退職日まで従業員は誠実に労務を提供する義務があること，会社が要請する引継ぎ等が会社の円滑な業務運営のために不可欠であることをよく説明し，応じてもらうように努力する。また，退職者が理由もなくこれに応じず，会社に多大な損害をもたらすような場合には，退職者に対する損害賠償請求も考えられるところである。

　他方で，会社が退職者に対し，合理的な理由もないのに有給休暇の取得を認めず出勤を求めたり，過大な引継ぎ業務を義務づけたりするなどした場合には，不法行為に該当し，退職者に対する慰謝料支払義務を負うこともあるため，注意が必要である。前述のとおり，会社として法的に主張できる損害があれば損害賠償請求も可能であるが，やみくもに「損害賠償請求する」などの発言は強迫とも取られる可能性があり，慎むべきである。

⑷　退職手続

　退職代行の連絡が弁護士により行われている場合，または業者であっても非弁行為には該当しないと考えられる場合には，従業員の退職手続を進めることとなる。退職日の決定，有給休暇の消化を行うかどうかの決定，離職票の交付に加え，会社からは当該従業員の私物の返却，従業員からは健康保険証の返却などを実施する。退職代行の場合はこれらを弁護士ないし退職代行業者を通じて行うこととなることが一般的である。

第6 | 会社への誹謗中傷・信用毀損行為に関する退職リスク

設　例

X社に勤めていた従業員Yが退職した。YはX社での勤務態度が悪く，これを叱責されたことを不満に退職したようであった。

その後，インターネット上の転職サイトにX社の口コミとして，「従業員に残業代が一切支払われない」「顧客を騙して無理やり契約締結させる」などの虚偽の投稿がなされるようになり，この影響からX社の採用応募者は激減した。なお，誰が投稿したかは明確にはわからないが，口コミの具体的内容からYが投稿した可能性が高いと思われる状況にある。

1　はじめに

会社とのトラブルが生じて退職した場合や退職した従業員が会社に対して不満を有しているような場合に，退職した従業員がSNS，ブログ，ネット掲示板等インターネット上に会社の悪口を書き込む，会社の取引先その他関係者に会社の悪口を言う等の行為に及ぶことがある。本項では，退職者によるこのような会社に対する誹謗中傷，名誉・信用毀損行為（以下「誹謗中傷等」という）のリスクについて概観し，退職者による誹謗中傷等がなされた場合の措置について解説する。

2　退職者による誹謗中傷等のリスク

会社が誹謗中傷等を受けると，会社の信用が低下し，会社の商品やサービスの売上が低下する，従業員のモチベーションが低下する等の不利益を被ることとなる。特にインターネット上への書込みがなされると，インターネットの特性上，その内容は容易に拡散され，完全に削除することは困難であるから，事

業継続が困難になるほどの大きな不利益を会社に与えることがある。

　退職者によりこのような誹謗中傷等がなされた場合，会社としては直ちに誹謗中傷等を止めさせ，また，誹謗中傷等により会社が被った損害の回復を図りたいと考えるであろう。以下では，退職者による誹謗中傷等がなされた場合に会社が採り得る措置について，インターネット上での誹謗中傷等がなされた場合とそれ以外の場合に分けて解説する。

3　会社が採り得る措置──インターネット上の誹謗中傷等の場合

　退職した従業員がインターネット上で会社に対する誹謗中傷等を行っている場合，会社は，以下の措置を行うことが考えられる。

---

(1)　誹謗中傷等の記載（以下「問題記事」という）の削除請求
(2)　損害賠償請求
(3)　退職者に対する名誉回復措置請求
(4)　退職者に対する刑事告訴等

　以下，それぞれの措置の内容について説明する。

(1)　問題記事の削除請求

　問題記事を投稿したのが退職者であることが明らかである場合（退職者が投稿したことを自認している場合や退職者が投稿したことの客観的な証拠がある場合等）には，退職者本人に対して直接削除請求をすることも可能であるが，実際にはそのような場合は少ない。また，問題記事を投稿した本人である退職者に削除請求をしたとして，対象者が素直に削除に応じるとは限らない。そこで，実務上，多くのケースでは，問題記事が掲載されているウェブサイトの運営者等のコンテンツプロバイダ[2]に対して，問題記事の削除を請求すること

2　ウェブ上でコンテンツや情報サービスを提供する事業者をいう。具体的には，電子掲示板の管理者やウェブサイトの管理・運営者，ウェブサイトのサーバの管理・運営者等である。

なる。

　削除請求の具体的な方法としては，①オンライン（サイト内の削除請求フォーム，電子メール等）による方法や，②郵送による方法（プロバイダ責任制限法に関するガイドライン[3]（以下「プロバイダ責任制限法ガイドライン」という）に掲載されている送信防止措置依頼書を用いることが多い），③裁判所に仮処分申立てを行う方法がある。一般的に，①②に比べ③は費用がかかること，特に退職者（問題記事の発信者）が削除に異議を述べない場合には①②の方法により早期に削除に応じてもらえる可能性が高いことから，まずは①または②を行い，それに対してプロバイダが任意に削除に応じてくれないときに③の方法を採る，という流れが比較的多い（ただ，削除の適否の判断が一義的でなくプロバイダによる任意の削除の見込みが高くないケースなどは，時間のロスを避けるため①②を経ず最初から③を選択することもある）。

3　プロバイダ責任制限法ガイドライン等検討協議会「プロバイダ責任制限法　名誉毀損・プライバシー関係ガイドライン　第4版」。

コラム🔍　「誹謗中傷」記事にも削除や損害賠償の請求が認められ
　　　　　るものと認められないものがある

　退職者が会社の悪口をインターネット上に書き込んだ場合，そのすべてが違法な「誹謗中傷」あるいは「名誉毀損」記事として，会社による削除や損害賠償等の請求が認められるわけではない。これらの請求が認められるためには，問題の記事が会社の権利（例えば，名誉権や営業権）や利益を違法に侵害しているといえること（不法行為が成立していること）が必要である。

　例えば，名誉毀損についていえば，会社の社会的評価を低下させる事実を示した記事をインターネット上に掲載したとしても，①その記事が公共の利害に関するものであり，②その記事を掲載した目的が専ら公益を図ることにある場合で，かつ③記事内で示した事実が真実である場合には違法性がないと判断される（なお，③に関しては，仮に記事内の事実が真実でなかったとしても，真実であると退職者が信じたことについて相当の理由があれば，不法行為の成立は否定される）。そして，違法性がないと判断されれば，削除や損害賠償等の法的な請求権は認められないことになる。

　会社が退職者による書込みと思われる自社への悪口等の書込みを発見し，その書込みに対して削除請求や損害賠償等の措置を希望する場合には，まずはその記事が会社の法的権利や利益を違法に侵害しているといえるかどうかを確認・検討することが出発点となる。これらの判断を会社のみで適切に行うことは困難なケースが多いので，ぜひ弁護士を活用されたい。

　なお，本項3の解説において削除や損害賠償等の請求の対象とされている問題記事は，特に断りのない限り，会社の権利または利益を違法に侵害する（不法行為が成立する）記事であることを前提としている。

(2)　損害賠償請求

①　損害賠償請求の根拠

　退職者が投稿した問題記事が，会社の名誉権や営業権を違法に侵害するものである場合，会社は退職者に対して，不法行為に基づく損害賠償請求（民法709条，710条）として，問題記事の流通により会社が被った損害の賠償を請求することができる。

②　問題記事の投稿者の特定——プロバイダに対する発信者情報開示請求

　もっとも，上記①の請求を行うためには，退職者が問題記事を投稿したことを自認しているケースでない限り，問題記事を掲載したのが退職者であることを裏づける客観的な証拠を入手する必要がある。そのためには，プロバイダ責任制限法において規定されている発信者情報開示請求を行うことが有用である。これによりプロバイダから，問題記事の投稿に使用されたIPアドレス等のアクセスログや，当該IPアドレスが割り当てられた契約者情報の開示を受けることができれば，問題記事の投稿者が退職者であることを立証することができるからである。

　発信者情報開示請求の手順の概要は，以下のとおりである。

　(i)　コンテンツプロバイダに対してIPアドレス等のアクセスログの開示を請
　　　求

　プロバイダ責任制限法ガイドラインの書式を用いた発信者情報開示請求書等を郵送する方法でプロバイダに対して任意の開示を求める方法と，裁判所に発信者情報開示の仮処分を申し立てる方法がある。アクセスログは通信の秘密による保護を受ける情報であるところ，プロバイダは通信事業者として通信の秘密（憲法21条2項）を守る義務を負っており，プロバイダ責任制限法上，発信者情報開示請求権が認められるには権利侵害が明白であるという要件が必要である。プロバイダが発信者情報開示請求を受けてこれに応じなかったとしても，上記要件を満たしていないと判断したことに重大な過失がない限りプロバイダは請求者に対して責任を負わないとされていることから，一般的に，プロバイ

ダは発信者情報を任意に開示することについては慎重な態度である。よって，プロバイダが任意の開示に応じることは少なく，プロバイダから発信者情報の開示を受けるためには，仮処分の申立てをし，裁判所に発信者情報開示の仮処分命令を発令してもらう必要があることが多い。

　仮処分命令の発令がなされ，プロバイダからIPアドレス等のアクセスログの開示を受けたら，開示されたIPアドレスについて「Whois検索」を利用して投稿に使用された経由プロバイダ[4]を調査し，経由プロバイダに対して下記(ii)の発信者情報開示の請求を行う。

(ii)　経由プロバイダに対して，上記(i)で開示を受けたアクセスログに係る契約者の氏名および住所の開示を請求

　通信の秘密や個人情報保護の観点から，通常，経由プロバイダは，判決で開示を命じられない限り，発信者情報開示請求に任意に応じない。よって，経由プロバイダから発信者情報の開示を受けるためには訴訟を提起する必要がある。ただ，経由プロバイダが保有しているIPアドレス等のアクセスログは，通常３か月から６か月程度しか保存されない。よって，訴訟を提起して発信者情報の開示を命じる判決を得たとしても，判決が出るまでの間にアクセスログが残っておらず，結局発信者が特定できないという事態が生じることがある。そのような事態を避けるために，経由プロバイダが判明した時点で，経由プロバイダに対してアクセスログの保存要請を行っておくことが必要である（経由プロバイダに保存要請に応じる法的義務はないが，保存要請に応じるケースは多いようである）。

③　損害賠償の請求
　問題記事の投稿者が特定できた場合には，その投稿者に対して損害賠償を請求することが可能となる。その方法は，裁判外の交渉による方法と損害賠償請求訴訟を提起する方法があるが，退職者の場合には，会社もよく知る人物が相

4　問題記事の投稿者が契約している接続プロバイダ（いわゆるISP）である。

手方になるため，話し合いによる解決を試みるべく裁判外の交渉から始める場合が多いと思われる。

　請求する損害の範囲については，悪質な投稿により予定していた取引が中止となった場合には，投稿がなければ得られていたはずの逸失利益を損害として請求することとなる。もっとも，裁判において，その投稿によって損害が生じたとの因果関係を立証することは容易ではないことが多いため，周到な準備の上，相手方に請求を行う必要がある。会社に対する誹謗・中傷のみならず，社長や従業員など特定の人物に対する名誉を毀損するような投稿が含まれている場合には，慰謝料を請求することも一般的である。

コラム🔍　証拠保全の必要性

　問題記事を投稿した退職者に対して，損害賠償請求や刑事責任の追及等をする可能性がある場合には，できるだけ早い段階で，問題記事が掲載されているウェブページを証拠として保存しておく必要がある。プロバイダに削除請求をして削除がなされてしまうと，保存しておかない限り問題記事の内容や掲載の事実を立証することができないし，また問題記事を投稿した退職者自身がいつ投稿記事を削除するかもわからないからである。

　ウェブページを証拠として用いるためには，以下の2つの要素を証拠として残すことが必要である。

- インターネット上の誹謗中傷等の記載の存在およびその内容
- 当該記載のあるウェブサイトのURL

　具体的には，ウェブブラウザに表示されている画面のスクリーンショットを撮り，それを画像として保存し，その印刷物を証拠として提出することが多い。

(3)　名誉回復措置請求

　退職者が投稿した問題記事が会社の名誉権を違法に侵害するものとして不法行為が成立する場合，上記(2)の損害賠償請求のほか，問題記事によって低下した会社の名誉を回復させるための適当な措置の実施請求が認められることがある。名誉を回復させるための措置としては，雑誌，新聞またはインターネット上に謝罪文の掲載を行うこと等が考えられる。

(4)　刑事告訴等の刑事責任の追及

　会社を誹謗中傷する，あるいは会社の名誉・信用を毀損する内容のインターネット上の書込みには，名誉毀損罪（刑法230条1項），信用毀損罪（同法233条），業務妨害罪（同法234条）や侮辱罪（同法231条）が成立する可能性がある。刑事事件の対象とすること（およびそれを退職者に通告すること）で退職者にそれ以上の誹謗中傷等を行わせない事実上の効果を期待することができるし，また刑事処罰を免れたいと考える退職者から損害賠償の申出（示談の申出）がなされることもあるので，これらの犯罪が成立し得る場合で，誹謗中傷等の悪質性が高いケースでは，刑事告訴や被害届の提出等，退職者の刑事責任を追及する措置も積極的に検討する。

4　会社が採り得る措置——インターネット上以外での誹謗中傷等の場合

(1)　民事上の請求

　例えば，顧客の奪取を目的として，退職者が会社の社会的評価や信用を低下させる虚偽の事実を会社の複数または単数の顧客に告げる等，退職者がインターネット上以外で会社の誹謗中傷等を行うことがある。

　この場合も，会社の名誉権や営業権を違法に侵害するものとして不法行為の成立が認められれば，前述のインターネット上の書込みの場合と同様，会社は，退職者に対し，民事上の請求として，不法行為に基づく損害賠償請求（民法709条，710条）や（名誉毀損の場合には）名誉回復措置（同法723条）を請求す

ることが考えられる。

　これに加え，上記行為が不正競争防止法上の不正競争行為（信用毀損行為）に該当する場合には，同法に基づく損害賠償請求（同法4条），差止請求（同法3条），信用回復措置請求（同法14条）を行うことも可能である。なお，不正競争防止法に基づいて損害賠償請求をする場合には，「損害額の推定規定」（同法5条2項）（退職者が不正競争行為により利益を得ている場合，その利益を会社が受けた損害の額と推定する旨の規定）を活用することができるというメリットがある。

　不正競争防止法上の不正競争行為のうちの1つである信用毀損行為は，「競争関係にある他人の営業上の信用を害する虚偽の事実を告知し，又は流布する行為」（同法2条1項21号）をいう。虚偽の事実を「告知」するとは，自己の関知する事実を特定の人に対して個別的に伝達する行為をいうので，例えば，退職者が退職後に競業会社を立ち上げ，会社の顧客を奪取するために，会社の特定の顧客に会社の信用を低下させる虚偽の事実を告げたときには，虚偽の事実を告げた顧客が複数でなくても不正競争防止法上の信用毀損行為に該当し得ることとなる（この点，会社の社会的評価を低下させる事実を不特定または多数人に示すことが必要な名誉毀損行為とは異なる）。

(2)　刑事責任の追及

　基本的には，前述のインターネット上の書込みによる場合と同様の罪についてその成否が問題となる。これに加え，不正競争防止法上の信用毀損行為に該当する場合には，同法違反の犯罪の成否も問題となる。事案によっては，刑事告訴等を積極的に検討すべきであることは上記3(4)のとおりである。

第7 退職者受入れ側のリスク

設　例

　X社は，それまでX社のライバル会社であるA社に法人向けの営業として勤務していたYを中途採用した。
　Yは勤務開始後，次々に顧客を獲得した。しかし，Yと面談を行ったところ，Yは退職前にA社の顧客名簿をコピーして持ち出しており，その顧客を中心に営業に回っているとのことが発覚した。また，YはX社全体の営業成績の向上のために，他の従業員にもその顧客名簿を利用してもらうのはどうかと申し出ている。

1　はじめに

　ここまで退職者が退職するまでに勤めていた会社の立場で様々なリスクを解説してきたが，実は退職者を新たに採用する側の会社にも，退職者と前勤務先とのトラブルに巻き込まれるリスクがある。
　多くの会社はそのような視点を持っておらず，前職で身につけた知識やノウハウ，経験など本人の保有する情報や能力を活かした即戦力を期待して転職者を採用する。しかし，転職者が一線を越え，転職後の業務において本来他社で使用してはいけない情報を利用した場合には，会社としても違法な手段により利益を上げたということになりかねないし，場合によっては前勤務先から訴えられたり，採用した転職者とともに損害賠償責任を負うこともある。以下，詳述する。

2　不正競争防止法違反となるリスク

　新卒採用者が入社時に第三者の秘密情報を保有していることは考えにくいが，中途採用の場合，前勤務先の顧客名簿や開発途中の技術情報などの秘密情報を

保有していることがある。この秘密情報が「営業秘密」に該当し，さらに転職者によって不正に取得されたり転職先に不正に開示されたりしたものであった場合[5]，その情報を利用する行為は，不正競争防止法に定める民事上の営業秘密侵害行為や刑事上の営業秘密侵害罪に該当し得る。そして，これらに該当する行為の主体となるのは，退職者本人に限らず，退職者から情報の開示を受けた会社等も含まれる。具体的には，以下のとおりである。

(1)　不正に取得された営業秘密を使用する行為

　不正に取得されたものであることを知りながら，または重大な過失によりこれを知らずに，転職者が保有していた前勤務先の営業秘密を会社が取得したり，自己の業務で使用したりした場合，これらの行為は不正競争防止法上の営業秘密侵害行為に該当し得る（不正競争防止法2条1項5号）。なお，実際に使用するまでに至らず，単に取得するだけの場合であっても営業秘密侵害行為に該当し得るため，安易に転職者が持ってきた顧客名簿などを共有しないように注意する必要がある。

　また，取得時は知らない場合でも，取得後に不正取得された情報であることを知り，または重過失によりこれを知らずに使用した場合も，営業秘密侵害行為に該当し得る（同法2条1項6号）。例えば，取得時は新規採用者が個人的に開発した技術情報であると聞いていたが，その後に前職の会社から不正に持ち出された情報であるとの警告があり，それにもかかわらず，その営業秘密を使用するようなケースである。ただし，例外として，契約等の取引によって営業秘密を取得した場合で，不正取得であることを知らずに，または重過失なく取得した者については，その取引によって取得した権限の範囲内であれば，その営業秘密を使用・開示することができる（同法19条1項6号）。

　会社の行為が営業秘密侵害行為に該当する場合，不正競争防止法に違反する

5　「営業秘密」の定義や営業秘密侵害行為・営業秘密侵害罪の具体的な要件該当性については，第2章を参照。

不法行為となるため，会社は前勤務先が被った損害について損害を賠償しなければならない。

　さらに，退職者によって不正取得された営業秘密を，転職先の会社やその従業員が不正の利益を得る目的，または保有者に損害を加える目的で使用する行為は，営業秘密侵害罪に該当し得る（同法21条１項７号・８号）。

　刑事上の営業秘密侵害罪に該当する行為については，10年以下の懲役または2000万円以下の罰金が定められている（同法21条）。さらに，法人の業務に関して営業秘密侵害罪が行われた場合には，行為者のみならず，法人についても，５億円以下の罰金が科されることがある（同法22条１項２号）。

(2)　不正に開示された営業秘密を利用する行為

　退職者が前職においてその業務に関連して正当に営業秘密の開示を受けた場合であっても，秘密保持義務を負っているにもかかわらずその営業秘密をライバル会社に売却するなど，図利加害目的でこれを第三者に開示することは不正開示行為となる（同法２条１項７号）。そして，会社が不正開示行為であることを知り，または重過失によりこれを知らずに営業秘密の開示を受けてこれを取得し，使用する行為も，営業秘密侵害行為に該当し得る（同法２条１項８号）。

　また，(1)の場合と同じく，会社が取得時は不正開示行為があったことを知らなかったとしても，取得後にこれを知り，また重過失によりこれを知らずに使用した場合も，営業秘密侵害行為に該当し得る（同法２条１項９号）。

　刑事上も，不正開示行為が介在する営業秘密について，図利加害目的でこれを使用する行為は，営業秘密侵害罪に該当する可能性がある（同法21条１項７号・８号）。

3　使用者責任を問われるリスク

　転職者による秘密情報の漏えい，不正使用等について，対象となる情報が営業秘密に当たらない，会社による積極的な利用行為はないなどの理由により，不正競争防止法上の営業秘密侵害行為には当たらないケースであっても，転職

者が前勤務先に対し不法行為による損害賠償義務を負う場合[6]，転職者を雇用している会社が使用者責任を負うことがある。「使用者責任」とは，被用者がその事業の執行について第三者に損害を加えた場合にそれを賠償しなければならないとする責任のことである（民法715条1項本文）。ただし，使用者が被用者の選任およびその事業の監督について相当の注意をしたとき，または相当の注意をしても損害が生ずべきであったときは責任を負わない（同条1項ただし書）。

例えば，新たに採用した転職者が続々と新規顧客を獲得していると思っていたら，実は前勤務先で取得した秘密情報たる顧客名簿を使用して，前勤務先の顧客を奪取していたという場合，退職者の行為が不法行為に該当すれば，使用者である会社も，自社の事業の執行について前勤務先に損害を与えたとして，前勤務先から損害賠償の請求を受ける可能性があるのである。

これを回避するためには，「使用者が被用者の選任及びその事業の監督について相当の注意をしたとき」という免責条項の適用を受けるため，会社が退職者を採用する際に，前勤務先の秘密情報を保有していないことを確認したり，自社の業務において不法に秘密情報が用いられていないかを適宜監視・監督したりすることが重要である。その具体例の1つが，次項で説明する誓約書の取得である。

4 誓約書の取得

同業からの転職のケースなど，前勤務先での秘密情報の流用が懸念される場合には，会社は中途採用者に対して，前勤務先の秘密情報は持ち込んではいけない旨を説明するとともに，【条項例4-1】のような誓約書を取得しておくことが望ましい。

---

[6] どのような場合に不法行為による損害賠償義務を負うかについては，第1章～第3章の該当部分を参照。

【条項例4－1】転職者からの誓約書の条項例

第●条（第三者の秘密情報）

1．前勤務先を含む第三者の秘密情報を含んだ媒体（文書，図画，写真，USBメモリ，DVD，ハードディスクドライブその他情報を記載又は記録するものをいう。）を一切保有しておらず，また今後も保有しないことを誓約いたします。

2．貴社の業務に従事するにあたり，第三者が保有するあらゆる秘密情報を，当該第三者の事前の書面による承諾なくして貴社に開示し，貴社のために使用し，または貴社が使用しているとみなされるような行為を行わないことを誓約いたします。

補 章

書 式 集

第1　入社時の競業避止義務・秘密保持義務等に関する誓約書

誓　約　書

年　　月　　日

株式会社●●
代表取締役社長　　●●　殿

　私は，貴社に入社し，貴社の従業者として業務に従事するにあたり，下
記事項に合意し，これらを遵守することを誓約いたします。

記

第1条（在職時の秘密保持義務）
1　貴社就業規則及び貴社情報管理規程を遵守し，以下に示される貴社の
技術上，営業上の情報（以下，「秘密情報」という。）について，第三者
に対し，方法のいかんを問わず，貴社の許可なく開示又は漏洩せず，ま
た，貴社の業務以外の目的のために使用しないことを約束いたします。
　①製品開発に関する技術資料，製造原価及び販売における価格決定等の
　　貴社製品に関する情報
　②財務，予算，人事及び経営に関する情報
　③各種マニュアル，顧客名簿，販売資料，各種調査情報
　④…（中略）
　⑤以上のほか貴社が秘密保持対象として指定した情報
2　貴社から要求を受けた場合または私が退職する場合には，秘密情報及
び秘密情報を含む書類，電子記録媒体その他の記録媒体の一切について，
貴社の指示に従い，貴社に返還し，又は廃棄・削除・消去いたします。
3　異動時，プロジェクト参加時，退職時など，貴社の求めに応じ，貴社
との間で秘密保持の誓約書を提出することに同意いたします。

第2条（退職後の秘密保持義務）
　前条1項各号の秘密情報については，貴社退職後においても，開示又は漏洩せず，また，自らまたは第三者のためにこれを使用しないことを約束いたします。

第3条（第三者の秘密情報）
1　第三者の秘密情報を含んだ媒体（文書，図画，写真，USBメモリ，DVD，ハードディスクドライブその他情報を記載又は記録するものをいう。）を一切不正に保有しておらず，また今後も不正に保有しないことを誓約いたします。
2　貴社の業務に従事するにあたり，第三者が保有するあらゆる秘密情報を，当該第三者の事前の書面による承諾なくして貴社に開示し，貴社のために使用し，又は貴社が使用しているとみなされるような行為を行わないことを誓約いたします。

第4条（在職中・退職後の競業避止義務）
1　貴社在職中は，自ら貴社と競合する事業を営み，また，貴社と競合する事業者へ就職しないことを約束いたします。
2　貴社を退職した後についても，退職後6か月間は，自ら貴社と競合する事業を営み，または，貴社と競合する事業者へ就職しないことを約束いたします。
3　前項に加え，貴社退職後1年間は，貴社と競合する事業において，貴社の顧客に対する営業活動を行わず，また，貴社の顧客と一切取引を行わないことを約束いたします。

第5条（引抜き・勧誘の禁止）
　貴社在職中及び退職後1年間は，貴社従業員に対する退職・転職の勧誘行為，引抜き行為を行わないことを約束いたします。

第6条（損害賠償）

　本誓約書に違反した場合，貴社が被った一切の損害（弁護士費用，顧客その他の関係者への対応費用を含むがこれに限られない）を賠償いたします。

以上

　　　　　住所

　　　　　　　　　氏名　　　　　　　㊞

第2　退社時の競業避止義務・秘密保持義務等に関する誓約書

誓　約　書

年　　月　　日

株式会社●●
代表取締役社長　　●●　殿

　私は，　年　　月　　日付にて，一身上の都合により，貴社を退職い
たしますが，退職後に下記の事項を遵守することを誓約いたします。

記

第1条（退職後の秘密保持義務）
1　貴社を退職した後も，以下に示される貴社の技術上，営業上の情報
　（以下「秘密情報」という。）について，第三者に対し，方法のいかんを
　問わず，貴社の許可なく開示又は漏洩せず，また，自らまたは第三者の
　ためにこれを使用しないことを約束いたします。
　①貴社製品「○○」の開発に関する技術資料，製造原価及び販売におけ
　　る価格決定等の情報
　②顧客の氏名・住所・連絡先その他顧客に関する一切の情報
　③…
　④以上のほか貴社が秘密保持対象として指定した情報
2　貴社を退職するにあたり，秘密情報及び秘密情報に関する資料（原本
　のみならず写しを含む。以下同様。）について，貴社から持ち出し，ま
　たは当該資料を自ら保有していないことを確認いたします。
3　前項にかかわらず，退職後に秘密情報及び秘密情報に関する資料を保
　有していることが発覚した場合は，直ちに貴社に連絡の上，当該資料を
　貴社に返還することを約束いたします。
4　私がその秘密の形成・創出に関わった場合であっても，秘密情報は貴
　社に帰属するものであることを確認し，その権利が私に帰属する旨の主
　張をいたしません。

第2条（退職後の競業避止義務）
1 貴社を退職後6か月間は，自ら貴社と競合する事業を営み，または，貴社と競合する事業者へ就職しないことを約束いたします。
2 前項に加え，貴社退職後1年間は，貴社と競合する事業において，貴社の顧客に対する営業活動を行わず，また，貴社の顧客と一切取引を行わないことを約束いたします。

第3条（引抜き・勧誘の禁止）
　貴社退職後1年間は，貴社従業員に対する退職・転職の勧誘行為，引抜き行為を行わないことを約束いたします。

第4条（損害賠償）
　本誓約書に違反した場合，貴社が被った一切の損害（弁護士費用，顧客その他関係者への対応費用を含むがこれに限られない）を賠償いたします。

以上

住所

氏名　　　　　㊞

第3　競業避止義務・秘密保持義務に違反する退職者への警告書の文例

　　　　　　　　　　　　　　　　　　　　　　　●年●月●日

　　　　　　　　　　警　告　書

甲野太郎殿

　　　　　　　　　　東京都●●区●●１－１－１
　　　　　　　　　　株式会社BBB
　　　　　　　　　　代表取締役　乙野太郎

　前略　株式会社BBB（以下「通知人」という。）は，甲野太郎殿（以下「貴殿」という。）に対し，以下のとおり警告致します。

　貴殿は2020年●月●日付けで通知人を退職致しました。貴殿は，通知人の就業規則第●条及び退職時に提出した●年●月●日付「誓約書」により，通知人との間で，退職後６か月間は，会社の書面による同意なく，自ら会社の事業と競合する事業を行い，または競業する事業を営む他社に雇われ，その他当該事業の経営に関与してはならないとの競業避止義務を負っております。

　また，通知人の就業規則第●条及び●年●月●日付「誓約書」により，貴殿は，通知人の秘密情報を通知人の許可なく第三者に開示したり，通知人の業務以外のために使用してはならない義務を負っているところ，通知人における顧客名簿は，秘密情報管理規程第●条に基づき秘密情報として管理することが定められており，社内研修でも繰り返し秘密情報に該当することを通知しております。

　しかしながら，通知人の調査により，貴殿が，遅くとも2020年●月頃から現在に至るまで，以下の行為を行っていることが判明致しました。
①通知人の許可なく，通知人の事業と競業するシステムエンジニアリングサービス事業を行う株式会社AAAを設立し，代表取締役に就任していること
②通知人に在籍していた当時担当していた得意先に対して積極的に営業活動を行い，実際に株式会社CCCに関する案件を受注したこと

③通知人在職中に，通知人サーバに不正アクセスして5000名もの顧客名簿のデータを持ち出し，現在，株式会社AAAにてこの顧客名簿を使用して営業を行っていること

　貴殿の上記各行為は，上記競業避止義務及び秘密保持義務に違反する行為です。直ちに上記各行為を中止するとともに，今後一切，直接又は間接等の手段を問わず，通知人との間での競合避止義務及び秘密保持義務に違反する行為を行わないよう要求いたします。本要求に従われない場合，貴殿の上記各行為につき民事上の損害賠償及び刑事告訴を含む法的責任を追及する考えですので，その旨警告致します。

草々

第4 秘密情報管理規程の記載例

秘密情報管理規程

第1条（目的）
　本規程は，会社が保有する情報の管理に関して必要な事項を定め，もって秘密情報の適正な管理及び活用を図ることを目的とする。

第2条（適用範囲）
　本規程は，正社員，契約社員，パートタイマー，第三者から派遣された派遣社員，出向社員その他会社と雇用契約又はそれに準じる関係にある者，及び会社の取締役，監査役その他の役員（以下，総称して「従業員等」という。）に適用されるものとする。

第3条（定義）
　本規程において各用語の定義は，次に定めるところによる。
①「秘密情報」とは，会社が保有する情報であって，第6条の規定により，秘密として保持すべきと決定した情報をいう。
②「文書等」とは，文書，図画，写真，USBメモリ，DVD，ハードディスクドライブその他の情報を記載又は記録するものをいう。
③「電子化情報」とは，USBメモリ，DVD，ハードディスクドライブその他の電子媒体に電磁的に記録された情報であって，情報システムによって処理が可能な形態にあるものをいう。
（以下略）

第4条（秘密情報の区分）
　秘密情報は，次のとおり区分するものとする。
①極秘　これが漏えいすると会社に極めて重大な損失若しくは不利益が生じる，又はそのおそれがある秘密情報であり，原則として指定された者以外には開示してはならないもの。

②関係者外秘　極秘情報に次ぐ高度な情報であり，秘密として保全する必要性が高く，これが漏えいすると会社に重大な損失若しくは不利益が生じる，又はそのおそれがある秘密情報であり，関係者以外には開示，漏えいしてはならないもの。

③社外秘　関係者外秘に次ぐ情報であり，秘密として保全する必要性があり，これが漏えいすると会社に損失もしくは不利益が生じるおそれがある秘密情報であり，従業員等以外に開示，漏えいしてはならないもの。

（以下略）

第5条（管理責任者）

1．会社の秘密情報の管理を統括するため，秘密情報の管理に係る統括責任者（以下「統括責任者」という。）を置く。統括責任者は，代表取締役がこれを選任する。

2．各部門長及び各部門内の業務分掌単位の長は，それぞれ秘密情報管理責任者（以下「管理責任者」という。）として，本規程に定めるところにより，所管する部門及び業務分掌単位における秘密情報の管理の任にあたる。

第6条（指定）

1．管理責任者は，別途定めるところにより，会社が保有する情報について，秘密情報として指定するとともにその秘密情報の区分を指定し，その秘密保持期間及びアクセスすることができる者（以下「アクセス権者」という。）の範囲を特定するものとする。管理責任者は，秘密情報の管理場所を指定することができる。

2．管理責任者は，前項により指定された情報を含む文書等，電子化情報及び物件に，秘密情報である旨を明示する。

3．管理責任者は，本条第1項により指定された情報について，日時の経過等により秘密性が低くなり，又は秘密性がなくなった場合においては，その都度，秘密情報の区分の変更又は秘密情報の指定の解除を行うものとする。

第7条（秘密情報の取扱い）

　従業員等は，秘密情報を本規程に従って取り扱わなければならない。

第8条（申告）

　従業員等は，業務遂行の過程で秘密情報として指定された情報の範囲に含まれるものを取得し，又は創出した場合は，遅滞なくその内容を管理責任者に申告するものとし，管理責任者は第6条第1項に従い秘密情報の区分を指定するものとする。

第9条（秘密保持義務及び目的外使用の禁止）

1．従業員等は，管理責任者の事前の許可なく，アクセス権者以外の者に対し，秘密情報を開示してはならない。

2．従業員等は，管理責任者の事前の許可なく，指定された業務上必要な目的以外の目的で秘密情報を使用してはならない。

第10条（持出し禁止）

　従業員等は，秘密情報を社外（指定の管理場所がある場合には，当該管理場所以外の場所。以下同じ）へ持ち出してはならない。ただし，社外への持ち出しの必要性が生じた場合には，従業員等は，管理責任者の予めの許可を得たとき，必要最小限の範囲に限って社外に持ち出すことができる。

第11条（複製の禁止）

1．従業員等は，事前の管理責任者の許可なく秘密情報，文書等，又は電子化情報を複製してはならない。

2．前項に基づき，事前の管理責任者の許可を得て，秘密情報，文書等，又は電子化情報を複製した場合，複製したものも，秘密情報，文書等又は電子化情報に含まれる。

第12条（誓約書等）

1．従業員等は，管理責任者に対し，会社が別途定める様式により秘密保持を誓約する書面を提出しなければならない。

２．入社前に他の職場において第三者の秘密情報に接していたと判断され
た従業員等は，管理責任者が必要と認めるときは，入社時に統括責任者
又は管理責任者による面接を受け，個別の誓約書その他会社が指定する
書面を会社に提出しなければならない。

第13条（退職者）

１．従業員等は，退職後においても，第９条第１項に定める秘密保持義務
を遵守しなければならない。

２．管理責任者は，従業員等が退職する際，当該従業員等が在職中に知り
得た秘密情報を特定するなど，当該従業員等が負う秘密保持義務等の内
容を確認するものとする。

３．従業員等は，退職日までに，自己の文書等に記録等された秘密情報を
消去するとともに，消去した旨の誓約書（自己の文書等に秘密情報が記
録等されていないときは，その旨の誓約書）を管理責任者に提出しなけ
ればならない。

４．従業員等は，退職する場合には，自己の保管する文書等又は物件をす
べて会社に返還しなければならず，また文書等又は物件を社外に持ち出
してはならない。

５．従業員等は，退職後，前二項に定める文書等，物件，又は秘密情報の
うちで，過失により消去又は返還していないものを発見した場合には，
速やかに前二項に定める措置を講じなければならない。

第14条（教育）

会社は，従業員等に対し，本規程の内容を周知徹底させるために適切な
教育を行い，従業員等の秘密情報の管理に関する意識の向上，維持に努め
るものとする。

第15条（秘密情報の開示を伴う契約等）

人材派遣会社，委託加工業者，請負業者等の第三者に対し，会社の業務
に係る製造委託，業務委託等をする場合，又は，実施許諾，共同開発その
他の秘密情報の開示を伴う取引等を行う場合，当該会社との契約において

相手方に秘密保持義務を課すほか，秘密保持に十分留意するものとする。

第16条（第三者の情報の取扱い）

1．従業員等は，第三者から情報の開示を受ける場合，当該情報を秘密として取り扱うべきか否か，及び当該情報の開示につき，当該第三者が正当な権限を有することの確認をしなければならない。

2．従業員等は，前項の場合において，当該第三者が正当な権限を有しないとき又は正当な権限を有するか否かにつき疑義のあるときには，当該情報の開示を受けてはならない。

3．従業員等は，本条第1項により開示を受ける情報については，当該第三者との間で，その使用又は開示に関して会社が受ける制約条件を明確にしなければならない。

4．本条第1項により開示を受けた情報を使用又は開示する場合は，前項の会社が受ける制約条件に従うものとし，当該情報は会社の秘密情報と同等に取り扱うものとする。

第5　退職合意書の記載例

退職合意書

　株式会社●●（以下「甲」という）と▲▲（以下「乙」という）は，乙が甲を退職することにつき，本日，以下のとおり合意した。

1　甲及び乙は，乙が甲を○年○月○日をもって，円満に退社することを確認する。
2　甲は乙に対し，退職に伴う解決金として金○○円の支払義務があることを認め，これを，○年○月○日限り，乙名義の口座に振り込む方法により支払う。
3　乙は甲に対し，甲を退職した後，以下に示される甲の技術上，営業上の情報について，第三者に対し，方法のいかんを問わず，甲の許可なく開示又は漏洩せず，また，自らまたは第三者のためにこれを使用しないことを約束する。
　①製品開発に関する技術資料，製造原価及び販売における価格決定等の甲製品に関する情報
　②顧客の氏名・住所・連絡先その他顧客に関する一切の情報
4　乙は甲に対し，甲を退職後6か月間は，自ら甲と競合する事業を営み，または，甲と競合する事業者へ就職しないことを約束し，また甲を退職後1年間は，甲と競合する事業において，甲の顧客に対する営業活動を行わず，また，甲の顧客と一切取引を行わないことを約束する。
5　甲及び乙は，甲乙間に，離職票の発行を除き，本合意書に定めるもののほか，何らの債権債務がないことを相互に確認する。

　　　　　年　　　　月　　　　日

　　　　　　　　　　　　　　　甲：住所
　　　　　　　　　　　　　　　　株式会社●●
　　　　　　　　　　　　　　　　代表取締役　××　　㊞
　　　　　　　　　　　　　　　乙：住所
　　　　　　　　　　　　　　　　▲▲　　㊞

索　引

【事務所紹介】

湊総合法律事務所（みなと　そうごうほうりつじむしょ）

〒100-0006　東京都千代田区有楽町1丁目7番1号
有楽町電気ビルヂング　北館12階1213区
Tel：03-3216-8021
Fax：03-3216-8022
Mail：contact@minatolaw.com

湊総合法律事務所は，クライアントの皆様を温かくお迎えして，親身にご相談をお聞きし，事件の解決に向けて最善の努力を尽くします。弁護士がクライアントのご相談を親身にお聞きすることや，最善を尽くすことは，当たり前のことかもしれません。しかし，実は，この当たり前のことが行われていないのが現実です。

いかに困難な事件でも，必ず解決して明るい未来を拓くことができると確信し，闘うべきときは一歩も引かず徹底して闘い，クライアントの皆様に最大限の利益を享受していただくために最善を尽くすこと，これが当事務所の理念とするところです。

湊総合法律事務所は，企業法務を主な取扱分野としており，各分野に精通した弁護士が，依頼者1人ひとりの考えを尊重した質の高いリーガルサービスの提供を心がけています。

【著者紹介】

野坂　真理子 (のさか　まりこ)
湊総合法律事務所ジュニアパートナー。昭和55年生まれ。早稲田大学法学部卒業。平成19年弁護士登録。東京弁護士会所属。得意分野は企業法務，広告法務，労働事件，家事事件。『こんなときどうするネット　会社で使える書式と文例』（共著，第一法規，2016年），「労働条件の不利益変更のトラブルはこうして防ぐ」月刊企業実務2009年5月号），「退職者の他社への再就職・独立をめぐる問題と解決策」ビジネストピックス（みずほ総合研究所）ほか多数執筆。

野村　奈津子 (のむら　なつこ)
昭和54年生まれ。慶應義塾大学法学部卒業。平成17年弁護士登録。東京弁護士会所属。得意分野は企業法務，相続案件。「株主総会・取締役会の不備（法違反）が招くリスクを徹底チェック」月刊企業実務2012年6月号，『勝利する企業法務』（共著，第一法規，2014年），『事例で学ぶ 生前贈与の法務リスクと税務リスク』（共著，大蔵財務協会，2018年）などを執筆。

太田　善大 (おおた　よしひろ)
昭和56年生まれ。慶應義塾大学法学部卒業。平成17年弁護士登録。東京弁護士会所属。経営革新等支援機関認定弁護士。得意分野は一般企業法務，医療事件・医療法務，民事争訟，会社関係争訟，家事事件。『証拠収集実務マニュアル』（共著，ぎょうせい，1999年），『遺言書作成・遺言執行実務マニュアル』（共著，新日本法規，2008年），『Q&AでスッキリわかるIT社会の法律相談』（共著，清文社，2007年），『ガイドブック民事保全の実務』（共著，創耕舎，2014年）などの著書がある。

平木　太生 (ひらき　たいき)
昭和61年生まれ。法政大学経営学部卒業。平成29年弁護士登録。東京弁護士会所属。公認会計士として大手の監査法人で4年の実務経験を経た後，予備試験経由で司法試験に合格。得意分野は会計数値が関連する企業法務。

石田　嘉奈子 (いしだ　かなこ)
平成4年生まれ。学習院大学法学部卒業，首都大学東京法科大学院修了。平成29年弁護士登録。東京弁護士会所属。得意分野は企業法務。

湊　信明 (みなと　のぶあき)
湊総合法律事務所代表パートナー。昭和38年生まれ。中央大学法学部卒業。平成10年弁護士登録　東京弁護士会所属，平成24年税理士登録。平成15年湊総合法律事務所開設，所長就任。経営革新等支援機関認定弁護士。近時の役職として，東京弁護士会副会長，関東弁護士会連合会常務理事，東京弁護士会中小企業法律支援センター本部長代行，同SDGsプロジェクトチーム座長，日本弁護士連合会業務妨害対策委員会委員長など。『勝利する企業法務～法務戦術はゴールから逆算せよ～〔新訂版〕』（共著，第一法規，2018年），『伸びる中堅・中小企業のためのCSR実践法」（第一法規，2017年），『こんなときどうするネット　会社で使える書式と文例』（共著，第一法規，2016年），『事例で学ぶ生前贈与の法務リスクと税務リスク』（共著，大蔵財務協会，2018年）などの書籍がある。

従業員をめぐる転職・退職トラブルの法務
～予防＆有事対応～

2021年3月1日　第1版第1刷発行

編　　者	湊総合法律事務所	
著　　者	野坂真理子	
	野村奈津子	
	太田善大	
	平木太生	
	石田嘉奈子	
	湊信明	
発行者	山本継	
発行所	㈱中央経済社	
発売元	㈱中央経済グループパブリッシング	

〒101-0051　東京都千代田区神田神保町1-31-2
電話　03 (3293) 3371(編集代表)
　　　03 (3293) 3381(営業代表)
https://www.chuokeizai.co.jp

印刷／㈱堀内印刷所
製本／㈲井上製本所

Ⓒ 2021
Printed in Japan